JN417992

행복 하나

행복 하나

정현숙 시조집

月刊文學 출판부

| 시인의 말 |

시간을 잘 보내자 놀이삼아 써본 글에
가끔씩 속마음이 푸념처럼 흘러나와
서툴고 어설픈 얘기
꿈이 되어 기쁩니다

돌아본 길목마다 피어나는 이야기들
가슴에 시를 품은 넉넉한 그대에게
심심한 마음 한 가닥
안부처럼 전합니다

2023년 늦은 여름
정현숙

차례

1부

2부

3부

4부

| 작품해설 |

1부

행복 하나

시조를 쓴다 해도 어디 보자 한 적 없어
그거 해서 뭘 한다고 체조나 하라하네
못하게 말리지 않고 그 정도니 다행이지

날 위해 산다는 말 입에 달고 사는 사람
해준 게 뭐 있냐고 콧방귀 뀌면서도
고맙다 맞장구치며 웃다보니 괜찮네

안 굶고 등 따시면 바랄게 없다시던
할머니 간절한 꿈 이루어진 좋은 세상
내 곁에 만만한 친구 하나 있어 족하네

개망초의 친구

선산의 묵정밭에 틈도 없이 피어나
뜨거운 자유로다 흐드러져 춤을 추면
아이고 망쪼들겠다 사정없이 뽑으셨지

기대고 어우러져 자장가 부르는지
할아버지 잠을 자고 햇살도 고요하네
생전에 화해를 했나 평화로운 하얀 꽃밭

망초야 개망초야 할아버지 보고 싶다
꽃잎 뒤 숨은 세월 날 보고 달아나도
그 여름 잔잔한 추억 남아있어 고맙다

거울의 진실

거울 속 아는 여자 세월이 쓰다듬네
바람결 표시겠지 선글라스 쓰고 볼 걸
눈치도 없는 거울아 있는 대로 비추냐

빡빡 닦은 유리 속 익숙한 하얀 웃음
누가 세월 이기겠나 스무살이 어제 같네
철없이 마음만 젊어 거울 탓을 했구나

가슴으로 꾸는 꿈 버릴 곳 어디인지
조그만 저 거울 속 너무 맑아 다 보이네
스스로 지켜낸 세월 내안에다 품으리

고향집에는

덩그랗게 큰집에 외로움 주렁주렁
고모 삼촌 작은 엄마 혼자씩 집을 보네
떠나온 고향하늘에 별이 그리 많더니

때때옷에 복주머니 어린 날 자식모습
팔 벌리고 뛰어오는 손주 녀석 아른거려
하늘을 한 짐씩 지고 마중 나온 마당 끝

자식들 많다지만 저 살기 바쁜 세상
괜찮다 말은 해도 진짜 진짜 민을까봐
천장에, 숨은 마음이 더덕더덕 붙었더라

그 모나리자

루브르 한쪽 벽에 고귀한 여인으로
그 미소 신비롭다 온 세상 소문나서
살며시 훔쳐와야지 설레임 가방 가득

리자마담 저기 있네 액자 앞 북적북적
마음도 보이려나 나이는 몇 살일까
어쩌나 작은 유리 속 갑갑해서 울겠네

웃음빛 향기로워 만인이 반하여도
기쁜지 서글픈지 내 눈엔 그림이네
다빈치 깊은 속마음 사람들은 어찌 알까

그곳 가우디의 집

기다려도 안 내려온 하느님 보겠다고
믿음의 첨탑들을 하늘 높이 쌓아놓고
가우디 뜨거운 마음 성가족을 모셔왔네

새벽빛 탄생의 문 나팔소리 푸르르고
수난의 서쪽 문은 황금빛 천국이네
저 햇살 은혜로워라 구원이고 용서 같아

성전이 완공되는 영광의 날 기다리며
지하묘지 제대에는 촛불 하나 타고 있네
위대한 성가족 성당 주인이 된 가우디

그대 곁에서

은하수 흘러넘쳐 오작교 홍수나도
별꽃등 켜 들고서 나만은 지켜주리
장롱 속 숨은 꿈까지 찾아주라 우겼네

날 비추는 그대 얼굴 나처럼 초라하고
이도 옳고 저도 옳고 정답은 못 찾아도
우리 둘 가난한 꿈은 노을처럼 고운데

사랑인지 배려인지 나 먼저 죽으라네
꽃상여 곱다 해도 마음 한쪽 휑해져서
좋다가 서운하다가 익은 마음 터질라

그믐날의 만봉림

누가 다 세었을까 만 개가 넘는다니
둥글 뾰족 땅무덤은 생각도 만 가지라
저마다 품은 꿈들이 하늘가에 닿았구나

물속에 잠긴 시절 지금도 기억할까
골골이 옥색 물길 만봉호수 이루었네
그 세월 건져내어서 함께 젊어 볼까나

어젯밤 별똥별이 저기서 잠을 잤나
봉우리 세다보니 그믐날이 저무는데
나그네 짧은 인연이 한 시절을 보고 가네

금강산의 겨울

치장 없는 개골산 눈바람에 창백했고
일만 이천 봉우리 얼어붙은 표정들
만물상 숨은 전설을 누가 감히 다 알까

구룡폭포 꽁꽁 얼어 아홉 용들 숨죽이고
상팔 담 옥색물이 반가움에 흐느꼈다
우리도 목이 메어서 아무 말도 못했다

삼일포에 배를 띄워 신선들이 놀았다니
호숫가 강강술래 아리랑아 울려다오
언제쯤 새봄이 와서 풍악소리 들릴까

꽃마중

진달래 봉올봉올 분홍햇살 입 맞추면
어린 꿈 실어온 꽃구름이 사는 언덕
손잡고 뛰어놀던 곳 봄이 왔나 가보자

쑥 캐다 마주앉아 공기놀이 땅따먹기
꽃물 든 정다운 얼굴 아롱아롱 피어나는
동무야 고향산천에 꿈도 폈나 보러가자

꽃무릇의 붉은 기도

탑 돌며 기도하며 얼마나 울었길래
불갑사 앞 꽃바다가 붉은 눈물이더라
애틋한 선홍빛 사랑 너무 고와 슬펐네

마주보며 숨 쉬고파 고운 얼굴 보고 싶어
상사병 타는 가슴 불씨 되어 심어진 곳
그 사랑 머문 자리에 영혼 닮은 붉은 꽃

향기마저 버렸는데 순정이야 어찌할까
참으로 어여뻐서 꽃잎 속에 나도 녹아
꽃밭에 빠진 내 마음 건져오지 못했네

꽃밭에 내리는 봄비

보슬비 내려앉아 초록꿈 깨우는지
흙냄새 피어올라 봄마당 연푸르고
물오른 튤립 봉오리 필까 말까 망설이네

왕관 속 꽃방에는 잠자는 엄지공주
살며시 안아보고 부비다가 어디 가나
빨간 볼 부풀리면서 사랑비에 젖는다

봄 오면 꽃이 피고 봄비 맞아 꽃 질 텐데
올해는 특별할까 새삼 또 기다리네
내 마음 봄비에 젖어 새순 나면 좋겠다

나도 구절초 되어

공원길 길게 돌아 물안개 피는 언덕
한 잎 한 잎 사랑으로 가을편지 쓰고 있네
바람이 실어갈 안부 향기롭게 순결하게

별을 세듯 꽃을 세며 추억을 엮어보다
가슴에 안겨드는 그리움 수만 떨기
마음이 달려 나가서 들꽃으로 피더라

남편은 요즈음

저녁식탁 막걸리 한 병 남편의 즐거움
술 한 잔 세월 한 잔 잘 살았다 긴 숨 한 잔
술잔 속 비친 얼굴이 나라 구한 애국자

카이스트 석사학위 정보통신기술사
팔십까지 일하리라 날마다 자화자찬
고맙소 그대 덕분에 비단길을 걷겠네

고운 한 켜 미움 한 켜 켜켜이 쌓인 자리
지지고 볶은 나날 사십년이 꿈 같네
아무렴 임자가 최고 아프지나 맙시다

내가 만든 온달송편

쌀가루 눈물반죽 검은콩 듬성듬성
한숨으로 쥐어 만든 주먹떡에 손자국
할머니 마음이 찍힌 작은 송편 그립다

소원이 무엇이냐 큰소리로 말해보렴
색동옷 꽃고무신 사달라고 말할 걸
달만큼 커다란 송편 만들자고 보챘네

아버지 차례상에 온달송편 올려놓고
할매 소원 뭐냐고 물어보고 싶었는데
할머니 빨간 눈물에 주먹떡만 먹었다

내가 할미 되던 날

한 몫을 나눠먹고 사이좋게 생겨나
엄마가 보고 싶어 서둘러 온 둥이들
뜨거운 만남의 눈물 왕벚꽃도 축복했네

인큐베이터 작은 생명 꼬물꼬물 발 좀 보소
산소호흡기 이겨내고 씩씩한 장한 모습
우리 딸 간절한 기도 건강하게 자라다오

아이들 웃음소리 샘물 같은 사랑가족
무얼 더 바랄건가 넉넉한 은혜로움
세상 속 당당한 사람 행복하게 살거라

내소사 대웅보전 앞에 서서

지고한 사랑으로 꽃피운 불국정토
자비로 껴안은 세월 백년이 몇 번일까
위대한 인고의 흔적 정갈하고 처연타

부처님의 꽃밭인가 중생의 낙원인가
활짝 핀 불심의 꽃 깨달아 비운 마음
꽃살문 열리는 그곳 극락인가 싶어라

백팔번뇌 무엇인가 쭈뼛쭈뼛 부처님 앞
목탁소리 독경소리 도솔천 돌고 온 소리
가난한 중생의 마음 쓰다듬듯 맴돈다

너는 코스모스

하고픈 말 너무 많아 꽃잎마다 물든 사연
수줍은 연애편지 첫사랑의 색깔로
열두 폭 가을 자락에 비단꿈을 그렸네

마을 어귀 돌아가는 바람길에 나와 서서
그리움 차올라 눈물짓는 가을 연인
오로지 사랑 뿐인데 한세월이 덧없네

바람에 기대보니 순정까지 흔들리는
세상 마음 바람의 마음 어쩌지도 못하고
떨리는 꽃잎의 기도 그대 안에 피고파

녹차밭에 꽃필 때

진녹색 긴 이랑이 누워 쉬는 늦가을
살며시 마중나온 하얀 꽃잎 노란 입술
너무나 사랑스러워 눈에 넣고 싶어라

그리움 곱게 물든 수줍은 꽃망울에
반가운 첫눈이 와 면사포 씌워주네
추억이 살고 있었나 내 가슴도 설렌다

찬 가슴 데워주는 한 모금 녹차 속에
달고 쓰고 떫은맛 삶의 색깔 진하다
뜨겁게 몸을 살라서 이루어낸 녹색 향

눈부신 사랑

뒤집기 되집기 응원소리 박수소리
한발로 쭉 밀고도 기특하게 기어가고
날마다 쑥쑥 커가는 손주들은 기적이다

옹알옹알 까꿍까꿍 눈 맞추며 사랑고백
저절로 흐르는 감동 너희들은 축복이다
고맙다 지금만큼만 건강하게 자라다오

둥근 지구 손발 짚고 엉덩이 쳐들고는
둘이 서로 엄마엄마 두 발로 서다 앉다
위대한 사람연습이 눈물나게 경이롭다

다섯 살(손자)의 순정

어린이집 여자 친구 민하가 놀러왔다
제 눈에 좋은 건 다 갖다 앞에 두고
그 애만 바라보는 눈, 따라 웃고 또 웃고

민하가 집에 간다니 배웅 가는 손자 녀석
제 신발도 제대로 신지를 못하면서
분홍색 꽃신발 들고 친구 발에 신긴다

벌써부터 여자 챙기냐 서운한 엄마 마음
배신감에 토닥토닥 품안에서 우는 아이
색동 꿈 소중한 새싹 사랑으로 커간다

단풍의 늦바람

바람이 흔들더니

푸른 숲도 마음 변해

오색실 수를 놓아

칠보단장 치장하고

다 늦어 뜨거운 사랑

온몸을 불태우네

단풍잎 떨어져

샘물보다 맑은 미소 봄볕에 반짝일 때
비바람 먹구름 속 고통 전혀 없는 듯한
그 모습 하도 예뻐서 영원할 것 같았네

가야할 곳 천리라도 꽃바람에 설레던
어여쁜 기억들만 차곡차곡 눌러 담아
오색 빛 잘 익은 꿈이 잎새마다 곱구나

돌아보니 흔적 없고 사랑만 물든 가슴
바람이 쌓아놓은 그리움의 낙엽무덤
종착역 어디쯤일까 석양길을 꾸미네

달맞이 고개에는

굽이굽이 십오 곡도 달빛 뿌려진 자리
그대 오신 밝은 밤 수줍은 달맞이꽃
가슴에 달을 품고서 임을 찾아 왔다네

새순같이 순결한 꿈을 꾸는 새색시
칠월의 긴긴 한낮 눈 못 뜨고 기다리다
꽃잎에 새겨둔 약속 샛노랗게 젖었네

청사포 해변열차 황금노을 싣고 오면
하늘로 뛰어나온 그대 향한 환한 미소
그리워 사무친 마음 달무리져 흐르네

2부

도자기 하나

뜨겁게 앓다가 마음까지 태우고서
동그랗게 말간 얼굴 목련꽃 닮았는데
백년이 넘었다 하는 진열대에 동그마니

외롭다가 행복하다가 시집가고 싶었다가
고향 이천 사랑하다 간절한 꿈 잊었는지
달 떠난 항아리 속에 세월만 가득가득

두물머리 갈대소리

낮별이 물그네 타면 푸른 바람 안겨와
하나로 섞여 넉넉한 품 멀리 넓게 같이 가자
두 물길 합치는 소리 연인들의 긴 약속

봄이면 양귀비 피어 단꿈도 꾸었는데
코로나에 매인 세상 서글픈 가을 잔치
속 깊은 나의 벗이여 큰 소리로 울어라

냉정한 가을 햇살에 온몸이 말라가도
사랑할 수밖에 없는 너그러운 이 계절
속울음 비우는 소리 희망으로 퍼지고

드론 날리는 노인

이마에 깊은 주름 세월이 가득한데
이제라도 여한 없이 세상구경 다해 볼까
마음을 날리다보니 떠다니는 팔십년

쌔액 쌕 드론소리 희망인지 체념인지
가슴앓이 없었겠나 절절했던 젊은 날
그래도 늙지 못한 꿈 높은 곳에 펴보네

햇살냄새 달콤하면 두근두근 뛰는 심장
접어둔 이야기들 바람에게 안겨주고
맘 놓고 하늘을 보며 당당하게 산다네

떠난 친구에게

친구야 뭐가 급해 소식도 없이 가버렸니
뙤약볕에 돌밭 매며 자식 위해 기도하던
옹달샘 해맑은 눈빛 돌강 되어 구른다

무궁화 꽃잎 따서 이마 콧등 붙이고
꼬꼬놀이 숨바꼭질 해 지는 줄 몰랐었지
황혼길 함께 하자던 그 약속은 어쩌고

푸른 언덕 새하얀 집 현모양처 꿈을 이뤄
고향마을 지킴이로 여장군처럼 살더니
너 떠난 길목어귀엔 신록향이 서럽구나

라일락꽃 피면

열여섯 소풍날 보물찾기 하다가
살며시 건네받은 꽃가지 속 하얀 편지
사방에 보라색 향기 태양빛에 반짝였네

우정인지 사랑인지 설레다가 사라진
좋아한다 쓰여있던 수줍은 추억 하나
꽃 피면 궁금하다고 내 가슴 두드리네

꽃잎마다 기억하는 첫사랑 연보랏빛
그립다 말 못하고 흔들리는 꽃 그림자
라일락 날리는 향기 그날처럼 싱그럽네

루핀꽃 호수언덕

하늘이 녹은 호수에 느긋한 뭉게구름
내 영혼 꽃잎 되어 한없이 떠다니던
넉넉한 자유로움이 나뒹굴고 있던 곳

하양 노랑 분홍 보라 꿈 따라 피어난 꽃
달콤한 그들의 고백 행복하고 평화로워
내 작은 마음의 언덕 무지개가 뜨던 곳

강기슭 양치기교회 목동의 찬양소리
축복으로 쏟아지던 은하수 별꽃등불
기도로 바라본 하늘 살아있어 감사했네

마음속에는

문풍지로 새는 달빛 호롱불 춤추는데
꽃밭에 재워줌세 흐느끼는 자장가
손녀는 꽃잠이 들어 할머니꿈 꾸었네

찬바람 함께 잠든 머리맡에 시린 무릎
침을 발라 모시 삼던 할머니 긴긴 밤아
어쩌지 모시베 짜서 나를 시집 보내면

저마다 속 이야기 한 줄로 어찌 쓰랴
커다란 보따리 수다처럼 풀어 봐도
정작에 서러운 사연 차마 쓰지 못하네

매미가 들려준 말

곤충채집 어려워 방학숙제 포기해
맴맴아 불러보면 숨어서 약올리고
감나무 흔들리도록 큰소리로 웃더니

아파트 느티나무 제 집인 양 붙들고
흙속을 헤쳐 나와 허물까지 벗었다며
살아낸 지극한 얘기 들어주라 악을 쓰네

칠 년이고 십 년이고 희망으로 기다리다
입맞춤 한 번으로 새 세상 끝이라니
그것은 기도소리야 사랑으로 가는 길

목백일홍 피는 이유

마음이 녹아 물든
순정한 꽃을 피워

그대 올까 기다리는
묵묵한 백일기도

사랑에 이르는 길목
한여름이 곱구나

목적지 베이스캠프

사천 미터 넘어선 곳 신을 따라 걸어온 길
타르초 나부끼던 웅장한 안나의 뜰
평생에 한 번이라는 마음 없는 나를 봤네

가득 찼다 비워진 투명한 마음들이
별무리에 섞여서 히말라야 떠다녔다
새까만 하늘계곡이 다 보이던 운 좋은 날

세상에 쌀을 주는 풍요의 여신 품에
꿈같은 하얀 밤을 설레다 만난 아침
황금색 해맑은 미소 작별인사 따뜻했다

문예반 첫날

물들인 검은 머리에 쑥 돋은 하얀 뿌리
모든 것 다 예쁘다 그래서 좋은 나이
늦은 꿈 꺼내들고서 그려볼까 엮어볼까

주머니 속 서툰 글 꺼내 읽다 목이 메고
가슴에 새겨둔 글자 녹이 슬어 까만데
선생님 작은 칭찬이 그렇게도 설렙디다

마음이 앉은 자리 보라색 시 한 송이
살며시 만져보다 향기를 입혀보네
스무 살 그댈 만난 듯 두근두근 하던 날

물의 정원 꽃양귀비

물 보러 왔다가 꽃에 홀려 꽃만 봤다
당 현종이 반했다는 하늘하늘 참한 얼굴
친정집 울타리 아래 엄마보라 심고파

꽃방석 덧없어라 얼룩진 사랑이야
세상이 아는 역사 허망한 부귀영화
그 마음 둘 곳이 없어 바람 따라 흔들리지

천성이 곱디고와 꽃으로 피었나니
어디에 머물러도 투명한 예쁜 이름
이제는 들꽃을 닮아 수줍게 졸고 있네

바람의 자유

조개 캐던 고향바다 손발 꽁꽁 얼었을 때
시린 뺨 스쳐가던 야속한 칼바람이
한겨울 잊을만 하면 골목길을 막아서네

꽃바람 황소바람 시시때때 변하면서
세상 끝 돌고 와서 비단꿈 가져온 척
머물지 않을 거라면 누그러져 불든지

하늘과 땅 사이에 저 혼자 자유로워
구름이나 밀고 가지 세월까지 밀고 가나
감기만 데려다 놓고 쏜살같이 달아나네

박영석 대장 가묘

하얀 산 어깨위에 무지개다리 놓다가
세상길 닫아 놓고 천국 길 만드시나
지독한 사랑에 빠져 그 산 곁에 머무는지

주인 없는 빈집에 초라한 풀꽃다발
눈보라쳐 쓸쓸한데 언제쯤 돌아올까
이름만 혼자 남아서 대한민국 알리네

신의 허락 기다리다 산이 된 사람들
곳곳에 새겨진 이름, 남은 꿈 덧없어라
고향땅 뻐꾸기 울면 훨훨 날아오소서

방죽길엔 그리움만

때때옷 사서 오마 우리 엄마 가시던 길
목을 빼고 내다보면 달려오던 어스름
밤 되면 도깨비불이 줄을 지어 가던 곳

해지면 저 길 따라 도망치고 싶었는데
작은 꿈 어디가고 기다림도 희미해져
썰물에 쓸려간 세월 개펄 속에 녹았네

옛이야기 가득한 길 들국화 흐드러져
날 보러 몰래 왔나 여우별 꼬리 흔적
그리움 길게 늘이고 꽃향기만 남겼네

배롱꽃 추억

할머니 치마 잡고 진외가 가던 길에
제각(祭閣)의 진분홍 꽃 하도 고와 했던 말
이다음 할매 죽으면 배롱나무 심어줄게

철없는 어린 손녀 쓰다듬던 따뜻한 손
갑자기 서러워져 훌쩍훌쩍 울면서도
할머니 하얀 치마에 꽃이 피면 좋겠다

산소의 잔디밭이 그늘질까 못 심었네
그 고운 꽃색 치마 사드리지 못했는데
배롱꽃 화사한 날에 일곱 살이 짠하다

백년사 동백꽃

법당 안 목탁소리 나의 임 기도소리
백년도 아쉬운데 봄날에 머문 사랑
애타는 그리움으로 촛농처럼 뜨겁네

어쩌다 툭 떨어져 꽃길이 되었는가
빨갛게 물든 마음 임이여 밟고 가소
댓돌 위 꽃비로 날아 그대 가슴 적시리

떠난 임 언제 볼까 목을 놓고 울어도
세상의 놀이터엔 아이들 웃음소리
무심한 풍경소리에 붉은 눈물 마르네

벚꽃 지는 석촌호수에서

꽃보라 흩날리니 나도 따라 꽃잎 된다
사진 속에 담는다고 쳐다보며 걷다가
그 길이 꽃길인 것을 돌아보고 알았네

봄이 온 줄 몰랐다는 키다리 빌딩아
피었다 지는 꽃을 못 봤다 하지마라
봄 잔치 석촌호수에 너 그림자 멋지다

불빛 아래 웃는 얼굴 달꽃같이 예쁘고
비워진 분홍마음 훨훨 날아 떠나가니
꽃비로 젖은 가슴에 초록아기 반갑다

보라색 오월

자식 잠든 밭 언덕 오동나무 보라색 꽃
가지 끝에 앉은 오월 너무 고와 야속타
애끓는 통곡소리가 꽃잎으로 날아가네

잡초 속에 숙인 머리 호미 끝엔 피눈물
온종일 흙을 파도 가슴속은 돌덩이
둥근 등 어루만지는 신의 사랑 무심하지

칠보단장 고운 꿈 펴보지도 못하고
이랑에 흐른 눈물 호미로 노를 저어
할머니 꽃배를 타고 자식 찾아 가셨네

보름달에게 소원을

큰소리로 빌어봐 다 들어준다니까
계수나무 단풍들어 노랗게 익은 꿈을
아이는 할머니에게 따다 주고 싶었네

복지관 댄스파티

자갈길 포장길 지나오니 한 길이야
육십 살 팔십 살 이제는 친구라며
저마다 주름진 세월 다독이고 펴주네

너와 나 어우러져 백년이나 살아볼까
맷돌체조 웰리스체조 건강댄스 열심이다
박자가 틀려도 좋지 봄바람이 춤바람

창밖에서 구경하는 꽃가지도 살랑살랑
세상 거울 덮어두자 건강하게 살아가자
오늘도 즐거운 웃음 햇살 타고 하하하

봄의 향기

울타리 노란 손짓 봄 소문 넘어오고
너울너울 아지랑이 햇살 잡고 춤추는데
밭둑에 예쁜 꽃 하나 쑥 캐는 우리 고모

곱게 땋은 긴 머리 진분홍 꽃 댕기가
나비 되어 앉아서 속닥속닥 팔랑이네
봄 풍경 향기로워라 꽃보다도 고왔던

쑥버무리 초록내음 온 마을 퍼지는 날
미리 한 입 먹고 나서 집집마다 떡심부름
봄날은 그리움이야 글썽이다 가는 봄

봉은사 운용매화

전생에 먹은 나이 그대로 간직한 채
옹이지고 구불한 몸 가지마다 고요한 꽃
따뜻한 은빛향기로 새 봄날을 여시네

매화당 뜰마당에 우아한 늙은 나무
만다라꽃 피우듯이, 한 꽃 한 꽃 정성으로
곱고도 잔잔한 설렘 염화미소 닮았네

비우며 걷는 길

마니차 돌려보고 불경을 다 읽었다니
마음을 살펴보라 자비로운 신의 미소
그 앞에 날 보이다가 탈탈 털린 내 영혼

구월의 히말라야길 전설을 말해주듯
무지개 두른 신의 잔 폭포수가 넘쳤네
잊었던 마음자리에 하얀 산의 심장소리

삼천 계단 오르다가 삼천 살을 먹어봤던
그대 손 잡고 걸은 빗길 눈길 눈부셨네
숨소리 세며 걷던 길 걸음걸음 인생길

3부

사랑의 굴레

삼년을 남녀공학 아득한 고교시절
같은 반 공부하다 오작교 만들었나
아무리 외면해 봐도 마주 보며 서 있네

세상에 친구라고 나밖에 없다하고
한평생 일을 해서 날 위해 산다하니
언제든 꽃등불 들고 나를 지켜 주겠지

너 밉다 투덜대면 너는 나 곱다 할까
잘났다 이겨주마 수백 번 싸우다가
세월이 앉은 자리가 측은해서 눈물나

새해 인사

손바닥 비비면서 소원을 빌어봤지
요술램프 갖다 달라 귀여운 꿈을 꾸며
오늘도 듣지 못한 척 새벽 일찍 오시네

사는 날 빠짐없이 하루씩 주신 선물
이 세상 어디라도 기꺼이 비추시며
내 인생 님의 뜻대로 살고 있나 보실까

언제부터 내 소원은 이대로만 살았으면
머리감고 새 옷 입고 기쁨으로 감사하네
위대한 대지의 아침 변함없는 첫 손님께

세미원의 홍련

몇 갑절로 사랑하면 그렇게 곱디곱나
흙탕물 씻고 씻어 말갛게 웃으시니
진정한 사랑의 빛깔 부처님의 마음 색

꽃같이 활짝 웃는 그대들이 부처라며
수정궁 귀한 여인 연등에 불을 켜면
버려진 욕심마저도 연꽃으로 다시 피네

손주들의 서울 구경

행여나 닳아질까 보기도 아까워라
세상을 넓게 보라 어린 마음 활짝 열고
내 딸이 엄마가 되어 맹자 어미 닮아가네

궁궐 빌딩 관심 없다 자동차만 전부 제 것
경찰차 소방차 차마다 꿈을 채워
광화문 이층버스로 서울거리 누볐네

빨간 버스 쓰담쓰담 또 보자 안녕 안녕
다섯 살 이별 장면 정겨워서 눈부셔라
서울을 몽땅 보고도 빨간 버스만 좋구나

수석(壽石) 시인

구름꽃 떠다니고 폭포수 흐르는 곳
동백꽃 자목련꽃 사철 피어 눈부셔라
세월이 그려놓았나 세상무늬 신비하다

새소리 바람소리 꽃비소리 가득한데
수많은 저들 생각 어찌 알고 답을 쓸까
가슴에 우주를 품은 무릉도원 소개하네

해와 달 지고서도 그림자 없는 선계
바위 속 천 년 풍경 누리며 사시는지
깊고도 아득한 전설 비단 짜듯 뽑으셨네

* 김민정 선생님의 수석(壽石) 시조집 『함께 가는 길』을 읽고.

슬픈 할머니 마음

막걸리 한사발 속에 꽃배가 떠나간다
흔들리는 그리운 모습 달인가 다시 보니
눈물로 가득 찬 잔에 애통함만 넘친다

서러움 사무쳐 벙어리 된 어미 가슴
조용히 사위어가는 하늘가 별무더기
빛보다 더 환한 곳에 귀한 사람 되소서

눈물 강에 뜨는 슬픔 강태공아 건져가소
아가야 울지 마라 별꽃나무 심어줄게
문 열고 푸른 꽃밭에 맑은 샘물 함께 주자

쑥부쟁이 작은 꽃

치마폭에 가득히 붉은 고추 따 담다가
털썩 앉아 마주쳐도 본체만체 했었던
흔하게 들판 어디나 마음 편히 피던 꽃

한강변 억새밭가 화려한 바람 밑에
가난한 줄기마다 콩알만한 얼굴 얹고
내 얘기 다 안다는 듯 그날처럼 날 보네

고향 안부 물어볼까 살며시 다가가니
슬프도록 작은 얼굴 가을 끝에 끌려가네
그리움 두고 가는 길 노란 눈물 방울방울

안나푸르나
—첫날

백대명산 백두대간 발뒤꿈치 따라가다
취미가 등산이라며 히말라야 가보자
마음이 설레던 그날 카트만두 비행장

포카라 가는 하늘길 저 아래가 땅이던가
하늘보다 더 높은 산군들의 행렬이여
산 옆에 가기도 전에 에베레스트 먼저 봤네

웅장한 산별들이 세상을 비추던 곳
영혼들이 춤을 추는 경이로운 신의 정원
사람들 뜨거운 가슴 불태우고 싶다는

어느 부부

하늘 끝에 길을 여나 별들이 깨어 있네
얼음물에 잠긴 손을 기도하듯 꼭 잡고
앞치마 주머니 속에 언손 대신 키운 꿈

꽃은 아직 고운데 단풍이 곱게 들어
어깨에 앉은 세월 하얀 머리 매만지며
지나간 고마운 청춘 여한 없이 살았다고

그대의 묵묵한 사랑 하늘만큼 컸다오
따뜻한 웃음소리 풍요로운 가을날
손 잡고 걷는 노을길 남은 꿈이 곱구려

엄마의 첫눈

엄마가 시집온 날 함께 따라 내렸다네
면사포 너울대며 순결하고 아름답게
새댁님 잘 사시라는 혼수이불 선물인 듯

가끔은 내 생일에 함박눈이 펑펑 왔네
금이야 옥이야 딸이면 어떠냐고
세상의 덕담소리가 진실인 줄 알았다오

한 돌이 되기 전에 첫눈인지 끝눈인지
국화꽃잎 같은 눈 아버지의 무덤이불
울 엄마 부서져버린 새하얀 마음가루

세상에서 제일 예쁜 울 엄마 시집가고
그 새댁 잘 산다고 첫눈 내려 수군대면
가슴에 묻어둔 얘기 전설처럼 들린다오

에델바이스 피던 길

만년설 언덕 아래 푸른 바람 머무는 곳
천사가 남기고 간 알프스의 순결한 꽃
단 하나 고귀한 사랑 이슬 맺힌 하얀 고백

님이 오면 따라갈까 밤낮으로 기다리다
전설이 되어버린 세상 기억 흐려가네
지금도 전하고 싶은 별꽃으로 피는 사연

천국을 보겠다고 걸음걸음 심고 간 길
신발소리 바람소리 메아리 된 가슴 소리
욕심껏 채워둔 마음 꽃이 모두 가져갔네

영랑의 생가 사월은

초가 둘레 비밀화원 꽃 그림자 눈부셔라
마음 가득 아려오는 그리움 절절한데
무심한 자줏빛 순정 타고 타는 저 꽃잎

청 비단 하늘자락 사랑채에 펄럭여도
댓돌 위 하얀 신발 기다림만 하염없네
해마다 진정한 봄날 모란꽃은 피는데

고귀한 원삼활옷 부귀영화 새기는 꽃
그 마음 닮고 싶어 넋을 잃고 바라볼 때
서러운 영랑의 마음 봄 뜨락에 사무치네

영흥도에 크는 희망

줄줄이 손을 잡은 섬들을 띄워 안고
낚싯대 우럭 광어 세월을 건져내는
푸른등 하늘고래가 꿈을 물고 지키는 곳

비단조개 칼국수에 바다 향 취해보고
송전탑 뜨거운 희망 알알이 꽃등 켜는
씩씩한 내 딸의 일터 발전소가 있는 곳

날 잡아봐라 뛰노는 쌍둥이들 고함소리
모래밭 두꺼비집에 인어공주 숨었다며
예쁜 꿈 쑥쑥 자라는 손주들의 놀이터

월영교의 전설

달빛에 흔들리는 물결 위 그리운 임
검은 머리 뽑아 삼은 미투리 옆에 두고
눈물로 지샌 강가에 황포돛배 떠간다

혼자 남아 어이할꼬 아침 해 서러워라
사무친 사연 적어 남편 곁에 묻어두니
안동호 넓은 둘레길 원이엄마 사랑길

월영정 걸린 달이 원이애비 소식인가
나무다리 물그림자 사랑애기 주렁주렁
월영교 애틋한 사연 출렁이는 호숫가

웰다잉 교육

언제가는 죽을 거라 남은 세월 믿었는데
언제든 죽을 수 있다는 진실을 배웠네
본향에 돌아간다며 이별 또한 희망이래

잘 죽는다는 의미보다 잘 살자는 큰 의미
날마다 마지막 축제 재밌게 살라하네
1순위 하고 싶은 말 사랑해요 감사해요

죽음은, 어둠을 걷어내는 삶의 놀이
세상의 끝에 서서 저세상 손을 잡고
겸손한 기도를 끝낸 아름다운 마무리

은행잎 편지

바람 따라 날아온 푸른 하늘 노란 엽서
누구의 소식인가 설레며 주워 읽네
잘 있니 순정한 얼굴 사랑스런 작은 잎

수줍게 건네받은 쪽지편지 한 귀퉁이
노랗게 붙은 마음 우정일까 사랑일까
온종일 콩닥거리던 그날처럼 들뜨네

해마다 똑같은 색 변함없는 고백인지
책갈피 속 두었다가 갈색 되어 버렸는데
못다 한 사연이 있나 가을 편지 수북하네

이별은

햇살도 앉지 못한 잎 떨어진 가지 사이
싸늘한 겨울바람 못 본 척 지나치네
초라한 마른 잎새도 꿈은 아직 붉은데

감추지 못한 사랑 흔적은 어이 곱나
붙잡다 늦은 이별 상처로 멍든 마음
하얀 눈 소복이 내려 어루만져 준다면

바람 불고 눈비 와도 가지 끝에 아슬아슬
푸른 꿈 붉은 꿈 엮어보던 한평생
떨어져 비워내야 할 낙엽이나 사람이나

이태원 그 자리

마음을 펴고 싶어 별 따라 날아갔나
시간이 멈춘 곳에 서글픈 국화송이
눈부신 하얀 꽃길을 어찌 지나 갔는가

안타깝고 애통하다 청춘의 귀한 생명
가슴 가득 설레는 꿈 접어둔 채 그냥 갔네
울면서 마중 나오는 천사들의 손을 잡고

하고픈 간절한 말 누가 대신 해주오
사랑하는 이 땅이여! 사랑하는 사람들아!
저 너머 푸른 하늘 끝, 꽃노을의 붉은 눈물

인어공주 상

그대 진실 전하고파 물속 바위 기어올라
눈물로 바라보다 한없이 작아진 몸
사람들 너를 보려고 떼를 지어 몰려든다

육지가 코앞인데 꼬리로는 가지 못해
목소리와 바꾼 다리 삼백 년도 버린 사랑
그 사랑 물거품 되어 영혼처럼 떠다녔다

눈물로 채운 바다 마음을 던져 봐도
땅 길과 바닷길이 이승과 저승 사이
절절한 망부석 사랑 애가 타는 나그네

* 덴마크 코펜하겐 부근 바닷물에 작은 인어동상. 동화 속의 인어는 삼백년 산다고 함.

작은아버지 가신 날

무명실 칭칭 감은 옹이진 손 마디마디
노부모 여섯 자식 조카딸도 한 식구
허허허 흙 묻은 웃음 한세월 다독였네

맞은편 산자락 밭 아늑한 가족유택
그리운 사람들 만나서 부디 평안하소서
벚나무 연분홍 제례복 환한 길을 배웅했네

떠나신 꽃길 돌아 저문 하늘 바라보니
돛 달고 마중 나온 사월 초이레 초승달
사랑아 남은 사람아 꽃비 같은 세월아

장미의 계절

어쩌다 얼떨결에 붉은 고백 받았는데
가난한 시 한 잔으로 어찌 사랑 답하리오
가슴속 스며든 그대 숨겨두고 혼자 볼까

꽃잎편지 세세한데 임은 읽지 못하시나
일편단심 지키고자 가시가 돋았는데
속 모른 강쇠바람이 미리 와서 흔든다오

설레며 다가서니 붉은 미소 붉은 향기
옷깃을 여미어도 심장소리 춤을 추던
장미가 불태운 사랑 여름 내내 뜨거웠네

채석강의 일기

차곡차곡 쟁여놓은 파도의 일기장
풍랑의 진한 사랑 눌러 적어 간직한
저 보소 바위의 나이테 칠천만 살 당당하네

젖은 꿈 녹아 스민 해식동굴 눈물자국
상처 난 속마음을 철석이며 씻어주네
단단한 가슴을 열고 받아쓰는 세상소리

절벽을 이루도록 일편단심 쌓은 세월
갈피마다 숨은 얘기 짜디짠 순간들을
그 누가 달과 술만으로
채석강을 노래하랴

천지연에 불던 바람

꿈에도 그려보던 천지연 언저리에
만병초 하늘나리 들국화 반가워라
이곳은 민족의 영산 단군신이 사는 곳

와! 했는데 사라진 일렁이던 물의 감촉
구름 바람 짝이 되어 푸른 호수 창을 닫아
한순간 숨 막힌 풍경 주저앉아 울고 싶네

백운봉 천문봉 백두봉 장엄한데
천지 둘레 반 바퀴 중국길이 웬 말인가
마땅히 우리 땅인데 역사 한 편 슬프다

저 산도 말 못하고 속으로 흘린 눈물
긴 세월 굽이돌아 깊고 넓은 민족의 샘
바람이 휘몰아치며 천지마음 감추더라

청산도 어느 봄날

슬로우길 순례자 바람난 상춘객들
서편제 봄의 왈츠 피노키오 달포네 집
봄바람 손을 잡고서 사랑 길을 걷는다

범바위 기운 받아 씩씩한 사람들
풍랑이 지나가도 바구니엔 신의 은총
오늘도 만선 노래에 푸른 섬이 춤춘다

막걸리 한 잔에 초장 찍은 전복 한 입
황금빛 갯노을에 초승달 노를 젓고
노랗게 취한 유채꽃 비틀비틀 흔들린다

4부

추억속의 호박

산소 옆 아담한 텃밭 둥글이 초록호박
덩굴은 시들한데 함박웃음 정다워라
한적한 도봉산 둘레길 그랑 나랑 걷는데

여럿이 뒹굴면서 해주고 싶다는 말
둥글둥글 사시라 노랗게 익어가며
그대와 한 백 년 살이 그들 말을 듣겠네

할머니 치마폭에 볼록하던 사랑자루
많이 먹고 잘 커라 저녁상 호박나물
그때가 어제 같은데 내가 할미 되었네

포크댄스는 즐거워

—복지관에서

언니는 몇 살이야 묻지마 귀한 나이
발박자 맞추다가 깜박 잊은 팔십 년
저 세월 따라가느라 늙는 줄도 몰랐다

미국춤 헝가리춤 신나는 세계여행
꽃화관에 멋진 공연 함께 엮은 우리 추억
소애리 예쁜 선생님 정성으로 가르치네

무릎수술 허리수술 저마다 특별한 삶
서운함도 노여움도 모두 놓아버리고
날마다 행복하더라 포크댄스 하던 날

푼힐 전망대 일출

네시의 새벽이슬 눈보다 차가운데
고소증에 시달려도 일출을 보라시네
태양님 타고 오시나 무지개 뜨는 소리

어깨를 걸고 일어난 히말라야 연봉들
버얼건 안나푸르나 황홀한 아침 밀어
이 세상 가장 높은 곳 뜨거운 첫 눈맞춤

흰 산 아래 붉은 아침 축복으로 채워지면
맑고 푸른 영혼들 자유롭게 날던 곳
곳곳이 신의 숨결로 마음마다 풍족했네

하얀 목련

순백의 치마폭에 가득 담긴 봄소식
기억의 가지마다 꽃별로 피어나서
순결한 사월의 노래 나직하게 부르네

새색시 친정 온 듯 벙그는 함박웃음
꽃잎 사이 미끄러진 달빛도 반했는지
온밤을 쓰다듬다가 고이 두고 떠나네

초록 잎 움이 트고 꽃잎은 멍이 들어
마지막 상처까지 까맣게 태우더니
눈부신 첫사랑으로 새봄 길을 오시네

한강의 새아침

그 세월 어디 가고 새날만 오시는지
물안개 날개 사이 푸른 햇살 새로워라
잠을 깬 물비늘들도 색동옷을 입었네

굽이굽이 순결한 길 유구한 역사의 강
목마르지 말라고 세상을 위로하며
생명수 맑은 희망을 가득가득 채우네

떡국에 말아먹은 나이가 배불러도
이렇게 고운 아침 복 많이 받으소서
우리들 마음과 마음 풍요롭고 말갛게

할머니 생각

이슬이 깨기 전에 목화꽃 따러 가자
마루 끝 걸터앉은 손녀 눈에 잠이 가득
학교에 늦을 것 같다 방죽길이 멀구나

백여 평 새벽 밭에 아기구름 뭉개 뭉개
목화솜 곱게 누벼 혼수이불 해주마던
하얀 꽃 따낸 자리가 이별처럼 텅빈다

할머니 굽은 등에 일렁대던 세월아
시집가서 잘 살거라 정화수가 눈물이네
푹신한 솜 방석 타고 꿈에라도 오소서

할아버지의 순정

억수 같은 비바람에 할멈이 괜찮을까
새벽 찬비 다 맞으며 찾아간 젖은 무덤
나 왔네 날 데려가소 우장이 먼저 울던

자식 둘 가슴에 묻은 오그라진 한평생
한 많은 응어리에 꼬부라진 할머니
꼬부랑 언덕길 너머 전설 같은 황토 집

이 사람아 허리나 쭉 펴고 주무시소
황하색 도랑물에 할아버지 말을 거네
끝없는 꼬부랑눈물 사무치던 그리움

갈대의 작별인사

강바람 휘감고서 물그림자 흔들흔들
떠날 날 정했는지 속절없는 살풀이춤
우아한 마지막 몸짓 서럽도록 눈부시다

물에 뜬 삶의 깊이 거울 보듯 훤한데
마음을 비우고도 발걸음 떼지 못하는
한 줄기 인연의 뿌리 가을 속에 깊어라

검은 얼굴 성모님

바위틈에 별이 뜨는 톱니산 몬세라토
빛으로 알려준 길 굽이굽이 높으신 곳
까맣게 몸이 타도록 뜨거운 기도 중이라오

얼마나 간절하면 어둠마저 삼키셨나
품에 안은 아기예수 엄마 따라 근심 걱정
사랑이 완성되도록 온갖 정성 바치셨네

나무의 몸 빌렸지만 출렁이는 은혜로다
손에 든 둥근 지구 세상이 평화롭길
누구든 축복하시니 그 모습이 눈부시다

* 스페인 여행 중 몬세라토 수도원 검은 성모님. 발굴 당시부터 나무로 이루어져 변형되지 않도록 계속 칠을 해서 색이 검게 되었다고 함.

고향 바다는

바지락 꼬막 잡고 밭매고 길쌈하고
우리 동네 일 많다고 시집오기 꺼렸다니
가뭄에 흉년들 때도 희망이던 고마운 곳

뻘냄새 땀냄새로 사람들 고단해도
짠물 젖어 퉁퉁 부은 손 살갑고 따뜻했지
지금도 찡한 마음이 밀물처럼 밀려든다

아른아른 그리움에 고향길 달려가면
메꽃 핀 방천둑에 찰랑이는 순한 파도
날마다 붉은 이불에 저녁해를 재운다

나의 봄

시골집 마당 끝에 살구꽃 복숭아꽃
떨어진 꽃잎들이 봄의 눈물인 것을
어여쁜 나의 세월을 싹싹 쓸어 버렸으니

서울엔 봄 같은 거 없는 줄 알았는데
아파트 골목까지 무더기 꽃이 피어
잠자던 그리움들이 꽃잎으로 찾아오네

노을 뜨는 카사블랑카

파도가 출렁이는 언덕 위 하얀 지붕
그리움 덮인 채로 순결한 꿈을 꾸네
해 저문 카사블랑카 그 이름도 설레는

낙조에 흔들리다 떠밀려간다 해도
그대 잔에 홍주 가득 내 잔에 붉은 노을
까마득 오래된 낭만 초라해도 좋으네

아틀라스 산맥 아래 드넓은 푸른 초원
미로의 골목 끝에 숨어있는 사하라가
수북한 달빛 속에서 또 오라고 유혹하네

동해 일출

하늘과 땅의 눈물 다 받아 삭이고도
온 누리 밝히시라 세상문 활짝 열고
힘차게 파도를 밀며 아침해를 낳는다

민들레와 엄마

마당가 담장 아래 노랗게 웃는 아이
꼬마야 언제 왔니 나랑 같이 놀자
꽃 앞에 쭈그려앉은 울 엄마도 봄 한 송이

두 눈이 노랗도록 들여다본 꽃 속에
동글동글 피어나는 딸들의 작은 얼굴
세월을 찾아냈는지 봄꽃 되어 웃는다

어디든 뿌리내려 고향을 만들라고
부풀어 날개를 단 하얀 씨앗 불어주며
언제쯤 다시 만날까 눈 비비며 일어선다

바람길에 피어나서

눈 맞추면 스며오는 가느다란 낮은 향기
하얀 햇살 머금고도 속마음 어디 뒀나
산비탈 바람따지에 봄잔치가 허술하다

꿈만 꾸다 늙어가는 빛바랜 사랑놀이
살아온 먼 길 끝에 뭉게뭉게 그리움만
님 따라 날아가 볼까 기다리다 바람맞네

떠돌다 외로우면 작은 이름 불러다오
산그늘 타고 오는 바람소리 대답 없어
아무리 위로해 봐도 아픈 이름 홀아비꽃

바보 장마

몇 날을 울어대다 그만 울까 생각하니
더더욱 서러워져 통곡하는 우레비
세월이 떠내려가도 멈추지를 못하네

님이 간 길 흔적 없어 그리움도 지우려나
세상의 구석구석 다 씻어버리고서
주룩 죽 생각도 없이 해맑게도 내린다

비금도 명사십리

노을밭과 뻘밭 사이 썰물이 빠져간다
주홍색 빛을 담은 물길이 너무 예뻐
무지개 잡으러 가듯 덤벙대고 따라갔다

연지 찍고 분 바르고 꽃양산 쓰고서는
새로 산 멋진 구두 젖는 줄도 모르고
멀어진 붉은 하늘가 그리움만 보았다

해당화 한 송이 없는 석양의 모래언덕
멀대 같은 풍차가 세월을 돌리다가
고운 님 보고 싶어서 그림자만 늘이는 곳

시조집

느지막 써본 글을 책으로 엮으려니
구구절절 털어놓은 알량한 글 솜씨에
수십 번 망설이다가 자신 없어 포기하다

마지막 위로라며 괜찮다고 저지르고
어여쁜 내 책 하나 설레며 기다리네
또다시 수줍은 용기 시조 한 수 써보려

앞산의 여름

다람쥐 작은 새들 산고랑 예쁜 풀꽃
둘레둘레 한데 얼려 푸른 숲 노래하니
마음은 꽃사슴 되어 솔밭 사이 뛰논다

꽃이불 덮어주던 봄날도 좋았는데
편안한 푸른 겉옷 잘 맞아 행복하다
한여름 뜨거운 고백 그 사랑에 젖어서

추분

끝없이 푸른 마음
하늘길이 빠졌는데
속없는 그리움이
날 건져 올리누나
영혼도 푸르게 웃는
순결한 날 오후여

파도의 마음

모래밭에 묻어둔 사람들 이야기를
한꺼번에 안고 가서 하얗게 부수는지
철없이 바람 가득 찬 제 가슴을 치는지

낮게 낮게 앉았다가 근심만 씻어가지
우르르 밀려들어 가슴속을 쓸어 가나
살며시 두고 간 마음 모래무늬 그리움

플리트비체 연가

줄줄이 계단마다 크고 작은 폭포들
수만 개 물초롱꽃 무지개 뿜는 호수
하늘을 오롯이 품은 진심의 빛 풍요롭다

송어떼 뛰어노는 푸른 소리 설레는데
나뭇가지 드러누운 속내까지 다 보여
드맑은 옥색물 속에 녹아들고 말겠네

물에 잠긴 내 모습 비취빛 물그림자
통째로 던져보는 지금의 이 마음아
영롱한 물꽃향기로 반짝이며 흘러라

| 해설 |

동일화의 서정을 통해 긍정과 화해의 자아의식 표출

동일화의 서정을 통해 긍정과 화해의 자아의식 표출

김민정

(시조시인 · 한국문인협회 부이사장)

1. 동일화의 서정을 통해 자아를 찾아가는 길

서정시의 가장 큰 장르적 특성은 동일화의 원리를 추구하는데 있다. 동일화에는 '투사'와 '동화'가 있는데 투사는 자아가 세계 속으로 투영되는 것이고 동화는 자아 밖의 세계가 자아로 들어오는 것이다. 때문에 동일화는 자아와 세계가 한 몸이 되는 것이다. 자아 밖의 세계를 대결과 긴장으로 인식하지 않고 화해를 추구하는 대상으로 바라보기에 따뜻한 시선을 지닌 작품이 되는 것이다. 아래에 인용하는 두 작품도 그렇다. 인용한 위 두 작품들은 동일화의 원리를 잘 수용하고 있다. 「나도 구절초 되어」에서는 사물 속으로 들어가 나도 구절초가 되고 있다. 사물을 좋아하다가 보면 나도 모르게 그것과 동일화가 되어 간다. 첫 수에서는 객관적 거리를 유지하다가 둘째 수에 오면 '마음이 달려 나가서 들꽃으로 피더라' 며 자연과 하나가 되어 자연과 내가 동일화가 된다.

공원길 길게 돌아 물안개 피는 언덕
한 잎 한 잎 사랑으로 가을편지 쓰고 있네
바람이 실어갈 안부 향기롭게 순결하게

별을 세듯 꽃을 세며 추억을 엮어가다
가슴에 안겨드는 그리움 수만 떨기
마음이 달려 나가서 들꽃으로 피더라

—「나도 구절초 되어」 전문

「나도 구절초 되어」에서는 동일화의 방법 중 '동화' 의 기법이 사용되고 있다. 즉 이 작품에서는 나의 삶이 구절초에 동화되어 있다. '별을 세듯 꽃을 세며 추억을 엮어가다/ 가슴에 안겨드는 그리움 수만 떨기/ 마음이 달려 나가서 들꽃으로 피더라' 라는 표현 속에 이미 내 마음은 달려나가서 들꽃인 구절초로 피고 있는 것이다. 구절초와 자신을 동일시하는 동일화의 원리가 잘 드러나고 있다. 여기서는 구절초처럼 향기롭게 순결하게 살고 싶은 화자의 마음이 구절초에 투영되어 나타나고 있다.

탑 돌며 기도하며 얼마나 울었길래
불갑사 앞 꽃바다가 붉은 눈물 이더라
애틋한 선홍빛 사랑 너무 고와 슬펐네

마주 보며 숨 쉬고파 고운 얼굴 보고 싶어
상사병 타는 가슴 불씨 되어 심어진 곳
그 사랑 머문 자리에 영혼 닮은 붉은 꽃

향기마저 버렸는데 순정이야 어찌할까
참으로 어여뻐서 꽃잎 속에 나도 녹아
꽃밭에 빠진 내 마음 건져오지 못했네

—「꽃무릇의 붉은 기도」 전문

영광 불갑사에 핀 꽃무릇이 소재가 되고 있다. 고창 선운사, 정읍 내장사에도 꽃무릇이 많고 구미에도 꽃무릇 단지를 넓게 조성하고 있다. 꽃무릇은 석산이라고도 하는데 상사화와 비슷하다. 상사화는 여름에 피고, 꽃무릇은 가을에 피는데 둘 다 꽃과 잎이 따로 피어 꽃과 잎이 만날 수 없다는 것이다. 그리고 상사화는 사찰 근처에 많이 심는데 그 이유는 이 식물에서 추출한 녹말로 불경을 제본하고, 탱화를 만들 때도 사용하며, 고승들의 진영을 붙일 때도 썼기 때문이다.

「꽃무릇의 붉은 기도」에서는 '참으로 어여뻐서 꽃잎 속에 나도 녹아/ 꽃밭에 빠진 내 마음 건져오지 못했네'에서 나의 마음은 이미 꽃무릇 꽃밭 속에 빠졌고 꽃무릇과 일체, 즉 동일화가 되어 있다.

붉은 꽃잎을 붉은 눈물로 비유하고 있다. 꽃과 잎이 따로따로 피어 절대로 만날 수 없다는 생각에 애틋한 선홍빛 사랑 너무 고와 슬펐다고 한다. 꽃과 잎이 함께 피지 못하는 데서 '마주 보며 숨 쉬고파 고운 얼굴 보고 싶어'라며 시인은 꽃을 대변한다. 그리하여 '상사병 타는 가슴 불씨 되어 심어진 곳'이 바로 여기이며 '그 사랑 머문 자리에 영혼 닮은 붉은 꽃'이 피었다는 것이다. 그리하여 꽃과 잎의 애절함을 전하고 있다. 셋째 수에서는 따로따로 피어 서로를 그리워하며 '향기마저 버렸는데 순정이야 어찌할까'라며 꽃무릇의 꽃말인 참사랑을 생각해 보며 꽃빛깔과 그 순정이 '참으로 어여뻐서 꽃잎 속에 나도 녹아/ 꽃밭에 빠진 내 마음 건져오지 못했네'라고 한다. 자신의 마음이 사물 속에 그대로 투영되어 꽃무릇과 자신이 동일화 된다.

시간을 잘 보내자 놀이 삼아 써본 글에
가끔씩 속마음이 푸념처럼 흘러나와
서툴고 어설픈 얘기
꿈이 되어 기쁩니다

돌아본 길목마다 피어나는 이야기들
가슴에 시를 품은 넉넉한 그대에게
심심한 마음 한 가닥
안부처럼 전합니다

—「시인의 말」 전문

시인의 말에서 정현숙 시인의 시 창작 태도를 엿볼 수 있다. 위대한 작품을 쓰기 위해서도 아니고 유명한 시인이 되기 위해 시를 쓰는 것도 아니다. 조금은 가치있게 시간을 잘 보내기 위해 시를 쓰기 시작한 것이고, 그러다가 속마음이 푸념처럼 흘러나오기도 하고 돌아보는 삶의 길목에서 이야기들이 피어나기도 한다. 그리고 이 시집을 전하는 이유는 시를 품은 그대에게 안부 한 가닥을 전하고자 함이라고 한다.

정현숙 시인은 이렇게 겸손한 시작(詩作) 태도와 함께 시어를 잘 골라 쓸 줄 아는, 언어감각이 뛰어난 시인이다.

거울 속 아는 여자 세월이 쓰다듬네
바람결 표시겠지 선글라스 쓰고 볼걸
눈치도 없는 거울아 있는 대로 비추냐

빡빡 닦은 유리 속 익숙한 하얀 웃음
누가 세월 이기겠나 스무 살이 어제 같네
철없이 마음만 젊어 거울 탓을 했구나

가슴으로 꾸는 꿈 버릴 곳 어디인지
조그만 저 거울 속 너무 맑아 다 보이네
스스로 지켜낸 세월 내 안에다 품으리

—「거울의 진실」 전문

거울을 들여다보는 시인은 자신의 늙음을 그대로 비추는 거울을 원망한다. 그러다 누가 세울 이기겠냐면서 철없는 자기자신을 탓한다. 그리고 스스로 지켜낸 세월 내 안에다 품으리라며 자신의 현재를 긍정한다.

표현들이 어렵지 않으면서도 신선하고 진솔한 느낌이 드는 건 왜일까. '거울 속 아는 여자 세월이 쓰다듬네'라고 한다. 세월이 지나가면서 팽팽하고 곱던 얼굴에 주름을 지게 한다. 그것을 세월이 쓰다듬고 간다고 표현한다. 세상을 긍정으로 바라보는 시인의 마음이 시어에 나타난다. 그러면서도 한편으로, 늙어가는 모습에 대한 안타까움도 나타난다. 애써 주름이 나타나는 자신의 얼굴을 '바람결 표시겠지 선글라스 쓰고 볼걸'이라며 아쉬워한다. 자신의 얼굴에 새겨진 주름을 '바람결 표시'라고 표현한 것도 신선한 시각이다. 정작 자신을 그렇게 만드는 것은 세월임을 알면서도 눈치도 없는 거울이 있는 대로 비춘다고 거울을 원망해 보기도 한다. 그러나 그것은 철없이 마음만 젊어 거울 탓을 하고 있다는 것을 본인도 잘 알고 있다. 셋째 수에서는 '스스로 지켜낸 세월 내 안에다 품으리'라며 살아온 세월을 '스스로 지켜낸 세월'이라고 감사하며 내 안에다 품겠다고 한다. 세월 속에 늙어가는 삶조차 내 안에 고스란히 품겠다는 넉넉한 마음은 세상에 대한 사랑과 긍정의 마음이라 하겠다.

물들인 검은 머리에 쑥 돋은 하얀 뿌리
모든 것 다 예쁘다 그래서 좋은 나이
늦은 꿈 꺼내들고서 그려볼까 엮어볼까

주머니 속 서툰 글 꺼내 읽다 목이 메고
가슴에 새겨둔 글자 녹이 슬어 까만데
선생님 작은 칭찬이 그렇게도 설렙디다

마음이 앉은 자리 보라색 시 한 송이
살며시 만져보다 향기를 입혀보네
스무 살 그댈 만난 듯 두근두근 하던 날

—「문예반 첫날」 전문

이 작품에서는 자신을 잊고 살다가 비로소 자신의 삶을 찾아가는 모습을 발견할 수 있다. 결혼하고 아내로서, 엄마로서만 살다가 늦게라도 자신이 하고 싶은 글쓰기를 생각하고 문예반에 등록하여 그 설레임을 작품화했다. '늦은 꿈 꺼내들고서 그려볼까 엮어볼까'라고 생각하며 용기를 내는 모습, '선생님 작은 칭찬이 그렇게도 설렙디다'에 설레는 마음, '살며시 만져보다 향기를 입혀보네'라며 시조를 찾아가는 모습을 보여준다. '스무 살 그댈 만난 듯 두근두근 하던 날'이라며 시조를 창작하려는 설레는 마음을 보여준다. 그것은 인형의 집 주인공 로라처럼 자신을 찾아가는 첫걸음, 자유를 찾아가는 첫걸음이 되는 것이기에 당연히 설렘이 함께 오는 것이다.

느지막 써본 글을 책으로 엮으려니
구구절절 털어놓은 알량한 글솜씨에
수십 번 망설이다가 자신 없어 포기하다

마지막 위로라며 괜찮다고 저지르고

어여쁜 내 책 하나 설레며 기다리네
또다시 수줍은 용기 시조 한 수 써보려

—「시조집」 전문

그렇게 설렘으로 시작한 공부가 책으로 엮어지고 있다. 또 하나의 성취를 맛봄으로써 그녀의 작품은 더욱 성숙해 갈 것이다. 망설이며 포기하다 스스로에게 괜찮다고 위로하며 만드는 첫 시조집, 정현숙 시인의 설렘만큼이나 그녀의 섬세하고 배려 깊고 아름다운 마음만큼 아름답기를, 그리고 시인으로서 한 단계 성숙하는 발걸음이 되기를 진심으로 바란다.

자갈길 포장길 지나오니 한 길이야
육십 살 팔십 살 이제는 친구라며
저마다 주름진 세월 다독이고 펴주네

너와 나 어우러져 백년이나 살아볼까
맷돌체조 웰리스체조 건강댄스 열심이다
박자가 틀려도 좋지 봄바람이 춤바람

창밖에서 구경하는 꽃가지도 살랑살랑
세상거울 덮어두자 건강하게 살아가자
오늘도 즐거운 웃음 햇살타고 하하하

—「복지관 댄스파티」 전문

그녀는 시조쓰기에만 열심인 것이 아니다. 「복지관 댄스파티」에서는 노년의 인생을 즐기는 모습이 잘 드러난다. 모든 것에 대해 너그러워지는 나이이기도 하지만, 시인은 '자갈길 포장길 지나오니 한 길이야'라며 살아오니 잘 살았든 못 살았든 같은 길에 이렀다는 깨달음도 되고, 잘난 것도 못난 것도 없이 평등하다는 의미도 된다. 주름진 세월을 다독여 주고 펴주는 좋은 시간, 잠시라도 세상거울 덮어두자 건강하게 살아가자며 즐겁고 건강하게 살기를 바라는 시인의 마음이 잘 드러난다. 이렇게 시인은 자신뿐 아니라 자신의 주변도 마음의 여유와 배려로 더불어 평화롭기를 바라는 긍정적인 마음을 지녔다.

삼천 계단 오르다가 삼천 살을 먹어봤던
그대 손 잡고 걸은 빗길 눈길 눈부셨네
숨소리 세며 걷던 길 걸음걸음 인생길

—「비우며 걷는 길」 부분

그녀의 삶의 자세, 삶의 길은 언제나 조용하며 욕심을 내려놓고 걷는 길이다. 이미 세상에 대해 득도를 한 듯 웬만한 것은 별 것도 아니라는 것을 알고 있다. 큰언니 같이 이해심 많고 포근함을 지닌 시인이며 어느 시를 읽어도 그런 느낌이다. 「비우며 걷는 길」도 매사에 감사하는 마음, 특히 함께 걸어온 남편에 대한 사랑의 감정이 이 작품에서도 어김없이 잘 나타나고 있어, 그녀의 삶이 행복하게 느껴진다.

언젠가는 죽을 거라 남은 세월 믿었는데
언제든 죽을 수 있다는 진실을 배웠네
본향에 돌아간다며 이별 또한 희망이래

잘 죽는다는 의미보다 잘 살자는 큰 의미
날마다 마지막 축제 재밌게 살라하네
일순위 하고 싶은 말 사랑해요 감사해요

죽음은, 어둠을 걷어내는 삶의 놀이
세상의 끝에 서서 저세상 손을 잡고
겸손한 기도를 끝낸 아름다운 마무리

—「웰다잉 교육」 전문

그녀는 사는 것도 중요하지만 잘 죽는 것도 중요하다는 것을 알고 있다. 그래서 그녀의 「웰다잉 교육」에서는 '잘 죽는다는 의미보다 잘 살자는 큰 의미/ 날마다 마지막 축제 재밌게 살라하네/ 일순위 하고 싶은 말 사랑해요 감사해요'라고 표현한다. 이러한 마음으로 남은 날들은 산다면, 어느 순간인들 고맙고 사랑스럽지 않은 순간이 있겠는가. 주변에서 만나는 모든 사물과 모든 순간이 고맙고 그들도 행복하기를 바라는 긍정적 태도가 삶에 자리잡혀 있는 것이다. 웰다잉 교육은 그녀의 시조에서처럼 웰빙 교육이다. 현재에 만족하며 잘 사는 것이 바로 좋은 죽음을 준비하는 것이다.

2. 남편과 가족에 관한 애틋한 사랑

정현숙의 이번 시조집 『행복 하나』에는 사랑과 겸손, 배려와 평화가 충만하다. 자신이 지닌 사랑과 겸손으로 주변 사물에 친근하게 다가가기와 사람과 사물에 대한 배려를 통해 사람들의 속마음과 사물의 이면을 읽고 천착하는 모습은 화해를 넘어 세상과 주변을 평화롭게 만드는 기술까지 보여준다. 정현숙의 작품은 따스하고 부드럽고 자애가 넘친다. 세상의 아름다운 모습을 보고, 그것에 감사하는 마음을 담은 작품들은 대체로 밝고 긍정적이다.

다음은 그의 시집 제목이기도 한 작품 「행복 하나」이다.

시조를 쓴다 해도 어디 보자 한 적 없어
그거 해서 뭘 한다고 체조나 하라 하네
못하게 말리지 않고 그 정도니 다행이지

날 위해 산다는 말 입에 달고 사는 사람
해준 게 뭐 있냐고 콧방귀 뀌면서도
고맙다 맞장구치며 웃다보니 괜찮네

안 굶고 등 따시면 바랄 게 없다시던
할머니 간절한 꿈 이루어진 좋은 세상
내 곁에 만만한 친구 하나 있어 족하네

—「행복 하나」 전문

남편을 친구처럼 대하는 사이라면, 참 편한 가정의 모습, 가장 행복한 아내가 아닐까? 정현숙 시인은 늘 겸손과 감사가 몸에 배어 작은 일에도 감사하는 마음을 지니고 사는 사람이다. 이 작품을 읽다가 보면 그러한 겸손과 감사와 배려가 가정의 편안함에서부터 오는 것이라 짐작된다. 가화만사성이란 말이 있는데, 가정에서의 불화가 생기면 마음이 편치 않고, 그 마음은 바깥세상인 사회생활에서도 문제가 있는 법이다.

남편은 아내가 시조를 쓴다고 해도 그것에 큰 기대를 하거나 부담을 주지 않는다. 그렇다고 무관심하지는 않다. 아내의 건강에 좋은 체조나 하라고 조언하면서도 아내가 하고 싶어하는 걸 못하게 말리지 않는 남편, 그것에 대해 아내는 "못하게 말리지 않고 그 정도니 다행이지"라며 감사하게 생각하고 있다. 둘째 수에 오면 남편의 사랑이 더 깊게 다가온다. "날 위해 산다는 말 입에 달고 사는 사람/ 해준 게 뭐 있냐고 콧방귀 뀌면서도/ 고맙다 맞장구치며 웃다보니 괜찮네"라는 꾸밈없는 진술의 표현 속에서 부부의 다정한 모습이 잘 드러난다. 그러한 작품을 몇 작품 더 살펴 보자.

은하수 흘러넘쳐 오작교 홍수 나도
별꽃등 켜들고서 나만은 지켜주리
장롱 속 숨겨진 꿈도 찾아주랴 우겼네

날 먹여 살린다고 한평생 일한 사람
우리 둘 가난한 꿈 서로 기대 여물었네
밥상에 데워 얹은 말 고생했소 고마워요

나 먼저 죽으라네 뒷정리 해준다고
배려인가 사랑인가 마음 한쪽 휑해져서
좋다가 서운하다가 익은 마음 터질라

—「그대 곁에서」 전문

작품에서 남편이나 아내의 이야기를 잘 안 쓰지만, 정현숙 시인의 작품에서는 유난히 남편에 대한 진솔한 사랑의 마음을 만날 수 있다. 남편에 대한 시인의 사랑 뿐 아니라 남편의 아내에 대한 사랑이 각별함을 알 수 있다. 이 작품을 읽으면 '은하수 흘러넘쳐 오작교 홍수 나도/ 별꽃등 켜들고서 나만은 지켜주리'라는 신뢰감, 그리고 '장롱 속 숨겨진 꿈도 찾아주라 우기'는 그 애교…, 어쩌면 가장 바람직한 부부관계가 아닐까. 시인의 남편에 대한 신뢰의 마음이 그대로 드러나는 부분이다. 둘째 수에 오면 남편에 대한 고마운 마음이 들어 있다. '날 먹여 살린다고 한평생 일한 사람/ 우리 둘 가난한 꿈 서로 기대 여물었네/ 밥상에 데워 얹은 말 고생했소 고마워요'라고 한다. 설명이 필요 없다. 고마운 마음이 그대로 드러난다. 거기다가 '나 먼저 죽으라네 뒷정리 해준다고'란 표현 속에 드러나는 남편의 아내에 대한 사랑의 마음이 진솔하게 전해진다. 보통의 남편들은 자신이 아내보다 먼저 죽고, 그 뒷정리를 아내가 해주기를 바라는데, 여기서는 그 반대현상을 보인다. 남편의 아내에 대한 사랑과 배려가 진정 깊음을 알 수 있다. 그 말을 듣는 시인은 '좋다가 서운하다가 익은 마음 터질라'라며 역시 남편의 그러한 배려에 대한 고마움으로 마음이 익고 있다. 행여 그 익은 마음이 터질까 걱정하면서….

저녁 식탁 막걸리 한 병 남편의 즐거움
술 한 잔 세월 한 잔 잘 살았다 긴 숨 한 잔
술잔 속 비친 얼굴이 나라 구한 애국자

카이스트 석사학위 정보통신기술사
팔십까지 일하리라 날마다 자화자찬
고맙소 그대 덕분에 비단길을 걷겠네

고움 한 켜 미움 한 켜 켜켜이 쌓인 자리
지지고 볶은 나날 사십 년이 꿈 같네
아무렴 임자가 최고 아프지나 맙시다

—「남편은 요즘은」 전문

정현숙 시인의 「사랑의 굴레」에서는 고등학교 시절부터 만난 인연으로 '세상에 친구라고 나밖에 없다 하고/ 한평생 일을 해서 날 위해 산다하니/ 언제든 꽃등불 들고 나를 지켜 주겠지'라며 평생을 신뢰 속에 한 사람만 바라보고 살고 있는 모습이며, 「어느 부부」도 '그대의 묵묵한 사랑 하늘만큼 컸다오/ 따뜻한 웃음소리 풍요로운 가을날/ 손잡고 걷는 노을길 남은 꿈이 곱구려'라며 지나간 날들을 돌이켜 보고 앞으로 곱게 살아갈 날들을 생각하고 있다. 다정히 늙어갈 부부의 모습을 보여준다. 서로가 배려하며 걱정하며 서로가 서로에게 기대기도 하면서 친구처럼 함께 늙어가는 모습이 너무나 자연스럽다. 인간이 부부로서 살아간다면 이런 관계가 가장 바람직하지 않을까 하는 가장 모범적인 가정의 모습을 보여주고 있다. 자식들도 자 자라 결혼시키고 두 부부만 남아 서로가 서로에게 줄 수 있는 사랑만을 생각하면서 살아가는 모습을 정현숙의 시에서 발견한다. 이런 삶이, 이런 사랑이 좋다고 독자에게 보여주기 위한 것이 아닌 진솔한 자신의 삶의 이야기를 표현했기에 더욱 아름답게 느껴진다. 행복한 결혼생활이란, 행복한 가정이란 남에게 보여주기 위한 것이 아니라 마음으로 행복을 느낄 수 있고 서로에게 연민의 감정을 가지며 서로를 보살펴주는 애뜻한 마음가짐으로 생활해 가는 것이다.

정현숙의 시조에는 할머니에 관한 작품이 많다. 아버지가 한 살 때 돌아가시고 어린 손녀를 키운 할머니 얘기가 이번 시조집에는 많이 들어 있다. 그래서 할머니에 대한 시편들은 모두가 애틋하고 할머니에 대한 두터운 정이 나타난다.

쌀가루 눈물반죽 검은콩 듬성듬성
한숨으로 쥐어 만든 주먹떡에 손자국
할머니 마음이 찍힌 작은 송편 그립다

소원이 무엇이냐 큰소리로 말해보렴
색동옷 꽃고무신 사달라고 말할 걸
달만큼 커다란 송편 만들자고 보챘네

아버지 차례 상에 온달송편 올려놓고

할매 소원 뭐냐고 물어보고 싶었는데
할머니 빨간 눈물에 주먹떡만 먹었다

―「내가 만든 온달송편」 전문

할머니와 송편을 빚을 때를 그리워하며 쓴 작품이다. 아들을 먼저 보낸 할머니의 슬픔이 명절이나 차례상을 지낼 음식을 장만할 때면 더 진하게 나타날 것이다. 그래서 떡을 만들기 위해 반죽을 할 때도 예외는 아니라서 눈물반죽이 되는 것이다. 거기에다 아쉬운 한숨마저 섞어 만들고 있는 할머니의 그 마음이 손가락 자국으로 찍힌 송편이 된다. 그 아들이 남기고 간 어린 손녀를 구김없이 키우고 싶은 할머니는 손녀딸에게 소원이 무엇이냐 큰소리로 말해보라고 한다. 손녀의 슬픔을 없애주려는 마음, 자신의 슬픔을 희석하려는 마음이었을 것이다. 눈치빠른 어린 손녀는 마음속으로는 색동옷이나 꽃고무신을 사달라고 조르고 싶었겠지만 달만큼 커다란 송편을 만들자고 제의한다. '아버지 차례 상에 온달송편 올려놓고/ 할매 소원 뭐냐고 물어보고 싶었는데/ 할머니 빨간 눈물에 주먹떡만 먹었다'고 한다. 할머니가 내게 소원을 물었으니 나도 할매 소원을 묻고 싶었지만, 아들의 차례상을 올리는 할머니의 아픈 마음을 '빨간 눈물'이라고 표현한 손녀는 할머니의 슬픔을 더 크게 만들까봐 차마 묻지 못하고 조용히 주먹떡, 즉 온달처럼 만든 송편만 먹고 있던 과거를 회상하고 있다.

할머니 치마잡고 진외가 가던 길에
제각(祭閣)의 진분홍 꽃 하도 고와 했던 말

이다음 할매 죽으면 배롱나무 심어줄게

철없는 어린손녀 쓰다듬던 따뜻한 손
갑자기 서러워져 훌쩍훌쩍 울면서도
할머니 하얀 치마에 꽃이 피면 좋겠다

산소의 잔디밭이 그늘질까 못 심었네
그 고운 꽃색 치마 사드리지 못했는데
배롱꽃 화사한 날에 일곱 살이 짠하다

—「배롱꽃 추억」 전문

배롱꽃을 보며 할머니를 생각한다. 예전 할머니와 진외가 가던 길에 보았던 제각의 배롱꽃이 하도 고와서 "이다음 할매 죽으면 배롱나무 심어줄게" 하고 말을 뱉고, 손녀딸을 쓰다듬는 할머니의 따뜻한 손을 느끼며, 자신이 한 말이 서러워 훌쩍훌쩍 울면서도 '할머니 하얀 치마에 꽃이 피면 좋겠다' 고 생각하는 손녀의 마음은 할머니를 아주 많이 사랑하고 있음을 알 수 있다. 정작 할머니가 돌아가셨을 때는 산소에 그늘이 드리울까 염려되어 심지 못했는데, 그 고운 꽃색 치마 사드리지 못해 화사한 배롱꽃을 보며 일곱 살이 짠하다며 일곱 살 때 가졌던 생각을 회상하고 있다.

자식 잠든 밭 언덕 오동나무 보라색 꽃
가지 끝에 앉은 오월 너무 고와 야속타
애끓는 통곡소리가 꽃잎으로 날아가네

잡초 속에 숙인 머리 호미 끝엔 피눈물
온종일 흙을 파도 가슴속은 돌덩이
둥근 등 어루만지는 신의 사랑 무심하지

칠보단장 고운 꿈 펴보지도 못하고
이랑에 흐른 눈물 호미로 노를 저어
할머니 꽃배를 타고 자식 찾아 가셨네

—「보라색 오월」 전문

이 작품에서도 할머니에 대한 애틋한 마음이 잘 나타난다. 아마 할머니가 돌아가셨을 때 쓴 작품으로 보인다. 자식이 먼저 죽으면 가장 큰 불효라고 한다. 부모는 자식의 죽음을 평생 가슴에 묻고 살아간다고 한다. 할머니의 평생 슬픈 마음을 잘도 읽어내는 손녀다. '가지 끝에 앉은 오월 너무 고와 야속타'며 죽은 아들을 생각하고 '온종일 흙을 파도 가슴속은 돌덩이'라며 힘들게 일하는 순간에도 그 아들 생각으로 마음은 가볍지가 않다. 모든 것을 굽어 살피는 신의 사랑이 무심하다고 한다. 그렇게 힘들게 사시다가 호강 한 번 못하시고 돌아가신 할머니에 대한 안타까운 마음이 드러난다. 시인은 할머니에 대한 작품을 쓰면서 애틋한 정을 쏟아낸다.

찬바람 함께 잠든 머리맡에 시린 무릎
침을 발라 모시 삼던 할머니 긴긴 밤아

어쩌지 모시베 짜서 나를 시집 보내면

저마다 속 이야기 한 줄로 어찌 쓰랴
커다란 보따리 수다처럼 풀어 봐도
정작에 서러운 사연 차마 쓰지 못하네

—「마음 속에는」 둘째 수와 셋째 수

이 작품에서 보면 할머니는 낮에는 밭일 등을 하시고 밤에는 모시를 삼으셨는데, 그 어린 손녀는 자라서 시집갈 때가 되어 할머니가 자신마저 결혼시키면 외로워서 어쩔까를 걱정한다. '정작에 서러운 사연 차마 쓰지 못하네'라며 시인은 자신의 아팠던 마음을 차마 다 표현하지 못함을 고백하고 있다. 이 작품 외에 「슬픈 할머니 마음」 「추억 속의 호박」에서도 할머니에 대한 애틋한 표현이 잘 나타난다.

엄마가 시집온 날 함께 따라 내렸다네
면사포 너울대며 순결하고 아름답게
새댁님 잘 사시라는 혼수이불 선물인 듯

가끔은 내 생일에 함박눈이 펑펑 왔네
금이야 옥이야 딸이면 어떠냐고
세상의 덕담소리가 진실인 줄 알았다오

한 돌이 되기 전에 첫눈인지 끝눈인지

국화꽃잎 같은 눈 아버지의 무덤이불
울 엄마 부서져버린 새하얀 마음가루

세상에서 제일 예쁜 울 엄마 시집가고
그 새댁 잘 산다고 첫눈 내려 수군대면
가슴에 묻어둔 얘기 전설처럼 들린다오

—「엄마의 첫눈」 전문

정현숙 시인의 시에서는 엄마보다는 할머니가 많이 등장한다. 엄마에 관한 작품이 상대적으로 적다. 이 작품을 보면 그 이유를 알 수 있을 것 같기도 하다. 엄마가 시집오던 날 눈이 함께 따라내렸다고 한다. 그리고 화자의 생일날도 때때로 눈이 펑펑 내렸다 한다. 결혼도 겨울에 했고, 화자가 겨울에 태어났음을 짐작할 수 있다. 딸이면 어떠냐고 금이야 옥이야 키우다가 한 돌이 되기 전에 아버지가 돌아가시고 엄마는 '울 엄마 부서져버린 새하얀 마음가루' 처럼 어머니는 그렇게 남게 된다. 그리고 '세상에서 제일 예쁜 울 엄마 시집가고'라는 표현은 엄마가 재혼을 했다는 의미로 남는다. 그래서 시인은 할머니 손에 자라게 되었던 것이 아닐까 생각된다. '그 새댁 잘 산다고 첫눈 내려 수군대면/ 가슴에 묻어둔 얘기 전설처럼 들린다오'라며 어머니가 재혼해서 잘 산다는 말을 전설처럼 듣고 자라는 시인을 만나게 된다.

줄줄이 손을 잡은 섬들을 띄워 안고
낚싯대 우럭 광어 세월을 건져내는

푸른 등 하늘고래가 꿈을 물고 지키는 곳

비단조개 칼국수에 바다 향 취해보고
송전탑 뜨거운 희망 알알이 꽃등 켜는
씩씩한 내 딸의 일터 발전소가 있는 곳

날 잡아봐라 뛰노는 쌍둥이들 고함소리
모래밭 두꺼비집에 인어공주 숨었다며
예쁜 꿈 쑥쑥 자라는 손주들의 놀이터

—「영흥도에 크는 희망」 전문

이 작품에는 시인의 딸과 손주들이 소재가 되고 있다. 그들이 살고있는 영흥도라는 섬을 소개한다. 낚시꾼들이 모여들어 우럭, 광어, 세월을 건져내는 곳이기도 하고 푸른 등 하늘고래가 꿈을 물고 지키는 곳이기도 하다. 그 곳 송전탑에 불을 켜는 발전소가 딸의 일터라고 한다. 그런 곳에서 씩씩하게 뛰어놀고 있는 쌍둥이들의 고함소리를 들으며 '예쁜 꿈 쑥쑥 자라는 손주들의 놀이터'라고 한다. 씩씩하고 건강한 꿈을 꾸며 손주들이 잘 자라기를 바라는 기원의 마음이 깃든 작품이다.

뒤집기 되집기 응원소리 박수소리
한발로 쭉 밀고도 기특하게 기어가고
날마다 쑥쑥 커가는 손주들은 기적이다

옹알옹알 까꿍까꿍 눈 맞추며 사랑고백
저절로 흐르는 감동 너희들은 축복이다
고맙다 지금만큼만 건강하게 자라다오

둥근 지구 손발 짚고 엉덩이 쳐들고는
둘이 서로 엄마엄마 두발로 서다 앉다
위대한 사람연습이 눈물 나게 경이롭다

—「눈부신 사랑」 전문

손주들을 키우면 자신의 아이 키울 때와는 다른 감정이라고 한다. 더 귀엽고 애틋하다고 한다. 그것은 자신의 핏줄이 그만큼 이어져 내려가고 있다는 생각에 더 소중하게 생각될 것이다. 또 자신의 아이를 키울 때는 키우기에도 바빠 정신이 없다보니 거리를 두고 관찰할 기회가 없다. 그만큼 귀한 줄도 모르고 정신없이 키우고 있는 것이다. 그러나 할아버지 할머니가 되면 자신의 예전 경험이 있어 그것이 토대가 되고, 또 부모보다는 조금의 거리도 있다 보니 관찰력도 더 생기게 될 것이다. 아이들이 자라는 모습은 신기하다. 시인은 자라는 그 과정을 나열하며 건강하게 자라는 손주들을 보며 '고맙다 지금만큼만 건강하게 자라다오'라며 그들을 축원한다. 또한 '위대한 사람연습이 눈물나게 경이롭다'고 시인은 고백한다. 사람이 되기 위한 연습, 사람으로 커가는 모습을 지켜보는 시인의 흐뭇하고 경이로운 감정이 잘 드러나고 있다.

3. 여행지에서 만나는 꿈과 맑은 영혼

정현숙 시조집의 또 하나의 특징은 여행시조가 많다는 점이다. 국내는 물론, 외국의 유명한 관광지에서 보고 겪은 것들을 단순한 여행지의 모습이 아니라 내것으로 소화하여 육화시킨 작품들이다. 사물의 핵심을 보아내는 시인의 올곧은 정신, 그의 순수하고 맑은 영혼을 만날 수 있다.

루브르 한쪽 벽에 고귀한 여인으로
그 미소 신비롭다 온 세상 소문나서
살며시 훔쳐 와야지 설레임 가방 가득

리자마담 저기 있네 액자 앞 북적북적
마음도 보이려나 나이는 몇 살일까
어쩌나 작은 유리 속 갑갑해서 울겠네

웃음빛 향기로워 만인이 반하여도
기쁜지 서글픈지 내 눈엔 그림이네
다빈치 깊은 속마음 사람들은 어찌 알까

—「그 모나리자」 전문

프랑스 루브르 박물관에서 만난 모나리자 그림에 대해 쓴 작품이다. 그녀의 신비한 미소에 대해서, 우리는 배웠고, 그의 웃을 듯 말듯한 표정이 신비롭고 눈썹이 없어 보이는 그녀의 얼굴도 신비로왔다. 모나리자의 미소는 세계에서 가장 유명한 미소 중 하나이며 레오나르도 다빈치의 걸작 중 하나다. 보통은 고상하고 우아한 여성의 미소로 알려져 있으나 그녀의 미소가 진실인지 가짜인지, 어떤 감정을 표현하고 있는지 다양한 해석과 연구가 있다. 일부 연구자들은 그녀의 미소가 슬픔을 표현하고 있다고 하며 어떤 연구자들은 그녀의 미소가 행복을 표현하고 있다고도 주장한다. 어떤 연구자는 그녀의 미소가 그녀의 건강 상태와 관련이 있다고도 주장한다. 다양한 해석을 하고 있기 때문에 모나리자의 미소는 유명한 그림이 되었는지도 모른다. 어쨌든 모나리자의 미소는 보는 이로 하여금 내면의 감정을 자극하고 다가갈 수 있는 신비롭고 매혹적인 이미지다.

초상화의 주인공은 실존인물로 이탈리아 피렌체의 부유한 상인인 조콘다의 부인 리자이다. 부모와 함께 살다가 분가하면서 새 집에 걸어둘 생각으로 부인의 초상화를 주문했으며 당시 초상화는 부의 상징이이었다 한다. Monna lisa의 모나는 '마담, 부인'이란 뜻이고 리자는 부인 이름이다. 때문에 모나리자는 리자부인이란 뜻이다. 프랑스와 이탈리아에서는 '라조콘다'로 불리고 그 외 나라에서는 모나리자로 불린다고 한다. 다빈치가 그림을 그릴 때 리자 부인은 무표정이었다고 한다. 그런데 남편이 방문했을 때 얼굴에 숨겨진 미소를 보았고, 그 미소를 드러나지 않게 표현하기 위해 피렌체 병원을 찾아가서 안면해부학과 안부해부학을 공부해 가면서 입가의 미소를 그림으로 표현했다 한다. 그림을 그려 놓고 보니 본인이 봐도 감탄할 만한 그림이어서 그림 의뢰자에게 인도하지 않고 개인 소장품으로 남겨두었다고 한다.

그림은 왼쪽 입꼬리가 오른쪽보다 낮게 표현이 되었다. 그런데 왼쪽 눈 뒤를 보면서 왼쪽 입꼬리를 보면 더 환하게 웃고 있는 걸 확인할 수 있다 한다. 이것이 홀겨보기 효과, 착시현상을 그림에 표현했으며, 웃을 때 양쪽 볼에 음영을 넣음으로 인해 은은한 숨겨진 미소를 볼 수 있다. '그 사람의 내면의 감정까지 담을 수 있어야 진정한 초상화라 할 수 있다.'고 한다. 다빈치가 3년이란 긴 시간 동안 혼을 넣어 그린 그림이 모나리자이다.

이 '모나리자의 미소'를 보고 시인은 어떠한 것을 느끼고 있는가. '루브르 한쪽 벽에 고귀한 여인으로/ 그 미소 신비롭다 온 세상 소문나서/ 살며시 훔쳐 와야지 설레임 가방 가득'라고 쓴 첫 수에서는 그림을 보러 가면서 시인이 가진 생각이다. 신비롭다고 세상에 소문이 난 모나리자의 그 미소를 훔쳐와야겠다고 결심한다. 막상 보러 가니 77센티×53센티의 작은 그림, 그 앞에 사람들이 북적북적, '마음도 보이려나 나이는 몇 살일까'라며 화자는 남들이 못 보는 것을 보고 싶어 기대를 한다. 그러나 화자가 보는 건 작은 유리 속에 갇힌 그녀의 갑갑함이다. 그녀의 활달한 자유정신을 엿볼 수 있는 표현이다. '웃음빛 향기로워 만인이 반하여도/ 기쁜지 서글픈지 내 눈엔 그림이네/ 다빈치 깊은 속마음 사람들은 어찌 알까'라며 기쁜지 서글픈지 모를 그 미소의 표현을, 무엇을 표현하려 했는지 다빈치의 속마음을 사람들은 알 수 없을 것이라는 생각을 한다. 화자도 그 미소에 대해 명쾌한 답을 얻지 못하고 의문만 그곳에 남겨두고 온 것이다. 가방 가득 훔쳐 오겠다던 모나리자의 그 미소를 그곳에 그냥 그대로 두고 온 것이다. 그래서 제목도 '그 모나리자'라 표시했을 듯하다. 그곳에서 본 그대로 두고 왔기 때문에….

기다려도 안 내려온 하느님 보겠다고
믿음의 첨탑들을 하늘 높이 쌓아놓고
가우디 뜨거운 마음 성가족을 모셔왔네

새벽빛 탄생의 문 나팔소리 푸르르고
수난의 서쪽 문은 황금빛 천국이네
저 햇살 은혜로워라 구원이고 용서 같아

성전이 완공되는 영광의 날 기다리며
지하묘지 제대에는 촛불 하나 타고 있네
위대한 성가족 성당 주인이 된 가우디

—「그곳 가우디의 집」 전문

「그곳 가우디의 집」란 작품은 스페인의 가우디 성당을 보고 쓴 작품이다. 가우디 성당은 다른 이름으로 사그라다 파밀리아 성당이라고 부르기도 한다. 1882년 가우디의 스승이었던 비야르가 무보수로 맡았으나 무조건 싸게 지으려고만 하는 교구에 질려 1년 만에 제자 가우디를 추천한다. 가우디는 31살에 공사를 맡아 43년간 이 공사에 남은 인생을 모두 바쳤다. 그는 1926년 불의의 사고로 성당의 완성을 보지 못하고 세상을 떠났고, 그의 유해는 이 성당의 지하 남골묘에 안장되었다. 원래 이 납골묘에는 성인이나 왕족의 유해만 안치될 수 있는데, 로마 교황청에서 그의 신앙심과

업적을 높이 사서 허가해 준 것이라 한다. 그의 사후 스페인 내전 과정에서 설계 도면이 불타 힘들었지만 가우디의 제자들이 지금도 가우디 성당을 짓고 있으며 언제 완성될 지 모른다고 한다.

시인은 첫 수에서 그 성을 짓기 위해 노력한 가우디를 떠올린다. 그 성당을 비치는 햇살이 구원이고 용서 같다는 둘째 수에서는 모든 것이 은혜로와 보이는 감동을 표현하고 있다. 130년이나 걸려 짓고 있는 성당의 아름다움을 보면서 느끼는 희열과 감탄이다. 셋째 수에 오면 성의 완성을 보지 못하고 사고로 돌아간 가우디에 대해 쓰고 있다. 그 곳 지하에서 성당이 완성되는 날을 기다리고 있다고 생각한다.

성당의 외부나 내부의 아름다움만을 보지 않고, 성당의 배경이 되고 성당을 짓기까지의 서사를 생각하면서 쓴 작품으로 즉물적 기행시의 위험을 극복하고 있다. 하나의 사물을 내 안으로 끌어와 그 사물의 내면을 파악하면서 육화시키는 힘이 그녀의 시조에서 발견된다. 시인은 사실만 보고 사실만 나열하는 것이 아니라 그것을 소화하여 자기방식대로 사물을 이해하고 표현하고 있다.

백대명산 백두대간 발뒤꿈치 따라가다
취미가 등산이라며 히말라야 가보자
마음이 설레던 그날 카트만두 비행장

포카라 가는 하늘길 저 아래가 땅이던가
하늘보다 더 높은 산군들의 행렬이여
산 옆에 가기도 전에 에베레스트 먼저 봤네

웅장한 산별들이 세상을 비추던 곳
영혼들이 춤을 추는 경이로운 신의 정원
사람들 뜨거운 가슴 불태우고 싶다는

—「안나푸르나」 전문

네 시의 새벽이슬 눈보다 차가운데
고소증에 시달려도 일출을 보라시네
태양님 타고 오시나 무지개 뜨는 소리

어깨를 걸고 일어난 히말라야 연봉들
버얼건 안나푸르나 황홀한 아침 밀어
이 세상 가장 높은 곳 뜨거운 첫 눈맞춤

흰 산 아래 붉은 아침 축복으로 채워지면
맑고 푸른 영혼들 자유롭게 날던 곳
곳곳이 신의 숨결로 마음마다 풍족했네

—「푼힐 전망대 일출」 전문

두 작품이 모두 '안나푸르나'가 소재가 되고 있어 함께 거론해 보기로 한다. 안나푸르나 등산을 위해 갈 때 비행기에서 보이는 에베레스트산의 모습이 장관이라고 누군가 들려주던 이야기가 이 작품을 보는 순간 떠오른다. '포카라 가는 하늘길 저 아래가 땅이던가/ 하늘보다 더 높은 산군들의 행렬이여/ 산 옆에 가기도 전에 에베레스트 먼저 봤네'라고, 여기서도 비행기에서 내려다본 에베레스트산의 얘기가 등장한다.

에베레스트산은 네팔과 티베트(중국) 사이의 국경에 있으며 히말라야 산맥에 있는 세계 최고봉으로 높이는 8,848.86m이다. 웅장한 크기와 높이 때문에 티베트어로는 '세계의 어머니(초모랑마)'라고 부른다. '에베레스트'라는 이름은 영국의 탐험가 조지 에버레스트의 이름에서 명명된 것으로, 1852년에 인도 측량국을 통해 지상에서 가장 높은 산으로 확인되었다.

안나푸르나는 네팔의 히말라야 중부에 있다. 안나푸르나 제1봉은 세계에서 가장 높은 봉우리 가운데 하나이다. 시인은 안나푸르나에 가서 그곳에 대한 시조를 쓰고 있다. 물론 시조는 그곳을 탐방하고 난 후에 창작되었겠지만, 시인은 세계의 등산가들이 꿈꾸는 안나푸르나를 향해 떠났고, 그곳에서의 모습을 작품에 담고 있다. '웅장한 산별들이 세상을 비추던 곳/ 영혼들이 춤을 추는 경이로운 신의 정원/ 사람들 뜨거운 가슴 불태우고 싶다는'는 셋째 수에서 웅장한 안나푸르나의 모습을 표현하고 있다. 화자는 이곳을 '영혼들이 춤을 추는 경이로운 신의 정원'이라고 정의한다. 그리고 '사람들 뜨거운 가슴 불태우고 싶다는'는 표현 속에는 위험한 것을 알면서도 등산을 하고 싶어하는 것을 표현하고 있다. 그만큼 인간에게 매력을 주는 산이라는 뜻이다.

안나푸르나의 아름다움을 직접 보고 직접 체험한 것을 시조로 담아내는 정현숙 시인만의 능력이다. 「푼힐 전망대 일출」은 또 어떤가. 그곳의 일출을 보기 위해 4시부터 준비하는 모습이 나타난다. 고소공포증이 있는 시인이지만 일출을 꼭 보아야 한다는 말에 시인은 일출을 보게 된다. 그곳에서 시인은 또한 어깨를 걸고 일어나는 히말라야의 웅장한 연봉들을 보고 된다. 해가 뜨는 안나푸르나는 '버얼건 안나푸르나 황홀한 아침 밀어'라며 안나푸르나의 일출이 묘사된다. 그것은 바로 이 세상 가장 높은 곳에서의 뜨거운 첫 눈맞춤이다.

안나푸르나의 일출만큼이나 시인의 시어도 싱그럽다. '황홀한 아침 밀어', '뜨거운 첫 눈맞춤' 둘 다 아름답다. 자연의 풍경에 알맞는 시어를 선택할 줄 아는 시인이다.

하늘이 녹은 호수에 느긋한 뭉게구름
내 영혼 꽃잎 되어 한없이 떠다니던
넉넉한 자유로움이 나뒹굴고 있던 곳

하양 노랑 분홍 보라 꿈 따라 피어난 꽃
달콤한 그들의 고백 행복하고 평화로워
내 작은 마음의 언덕 무지개가 뜨던 곳

강기슭 양치기교회 목동의 찬양소리
축복으로 쏟아지던 은하수 별꽃등불
기도로 바라본 하늘 살아있어 감사했네

—「루핀꽃 호수언덕」 전문

뉴질랜드의 데카포호숫가의 루핀꽃을 보고 감동하여 쓴 작품이다. 서두르지 않고 유유히 떠가는 하늘의 뭉개구름의 아름다움과

'내 영혼이 꽃잎 되어 한없이 떠다니고 자유로움이 나뒹굴고 있는 곳'이다. 호박이 나뒹굴듯이 그렇게 넉넉한 자유로움이 나뒹군다는 표현이 신선하다. '내 작은 마음의 언덕'과 '기도로 바라본 하늘 살아 있어 감사했네'라는 표현 속에는 시인의 겸손하고 겸허한 마음이 잘 나타난다. 시어 곳곳에 작은 것에도 감사하는 시인의 마음과 생활이 작품 속에 고스란히 드러나 진솔한 그의 삶을 엿볼 수 있다.

> 파도가 출렁이는 언덕 위 하얀 지붕
> 그리움 덮인 채로 순결한 꿈을 꾸네
> 해 저문 카사블랑카 그 이름도 설레는
>
> 낙조에 흔들리다 떠밀려 간다 해도
> 그대 잔에 홍주 가득 내 잔에 붉은 노을
> 까마득 오래된 낭만 초라해도 좋으네
>
> 아틀라스 산맥 아래 드넓은 푸른 초원
> 미로의 골목 끝에 숨어있는 사하라가
> 수북한 달빛 속에서 또 오라고 유혹하네
>
> —「노을 뜨는 카사블랑카」 전문

예전 '카사블랑카'란 영화를 보고 오랫동안 그 애틋한 사랑의 영상들이 머릿속에서 떠나지 않았던 적이 있다. 그래서 그 이름만 들어도 마음이 설렌다. 「노을 뜨는 카사블랑카」라니! 제목만으로

도 낭만적 서정이 느껴진다. 카사블랑카란 하얀집이란 뜻이다. 아름다운 카사블랑카와 사하라 사막까지 등장하여 또 오라며 유혹한다고 한다. 여행시조의 모습이 잘 나타나는 작품이다.

누가 다 세었을까 만 개가 넘는다니
둥글 뾰족 땅무덤은 생각도 만 가지라
저마다 품은 꿈들이 하늘가에 닿았구나

—「그믐날의 만봉림」 셋째 수

세계의 여러 나라를 여행하고 가는 곳마다 시조작품을 창작하여 그녀의 시조로 세계 여행을 하는 느낌도 든다. 위 시조는 중국의 만봉림을 쓴 작품이다. 만 개의 봉우리가 있다고 하여 붙여진 이름이며 그녀는 그 봉오리마다 생각도 만 가지로 각자의 꿈이 하늘가에 닿아 있다고 보고 있다. 인생 자체가 짧고 그 중 짧은 시간 동안 머물며 보고 간다는 아쉬움과 여운이 작품 가득 들어 있다. 다음에는 국내기행 작품 한 편 살펴보자.

꿈에도 그려보던 천지연 언저리에
만병초 하늘나리 들국화 반가워라
이곳은 민족의 영산 단군신이 사는 곳

와! 했는데 사라진 일렁이던 물의 감촉
구름 바람 짝이 되어 푸른 호수 창을 닫아
한순간 숨 막힌 풍경 주저앉아 울고 싶네

백운봉 천문봉 백두봉 장엄한데
천지 둘레 반 바퀴 중국길이 웬 말인가
마땅히 우리 땅인데 역사 한 편 슬프다

저 산도 말 못하고 속으로 흘린 눈물
긴 세월 굽이돌아 깊고 넓은 민족의 샘
바람이 휘몰아치며 천지마음 감추더라

―「천지연에 불던 바람」 전문

백두산 천지를 노래했으나 현재 대한민국 땅이 아니라서 국내 작품이라 하기에는 그렇지만 우리나라를 노래한 작품임에 틀림없다. 천지연을 '이곳은 민족의 영산 단군신이 사는 곳'이라며 우리민족의 영산임을 밝히고 있다. 하루에도 몇 번씩 변덕을 부리는 천지의 날씨, 푸른 천지호수가 보여 '와' 했는데, 금방 사라진 호수….

구름으로 가렸다가 다시 열었다고 하는 백두산 천지. 백두산은 북한에 있고, 중국땅을 통해서 올라가야 하고, 호수 둘레가 절반은 중국땅이라니 그것을 시인은 슬퍼한다. 반쪽이 중국땅임을 슬퍼하며 시인이 느끼는 역사 인식과 민족 인식…. 그래서 마지막 넷째 수에서는 시인의 감정이입이 들어가 있다. '저 산도 말 못하고 속으로 흘린 눈물'이라며 산도 속으로 눈물을 흘린다고 산을 사람처럼 의인법을 써서 비유하고 있다. 그 슬픈 마음을 애써 들키지 않으려고 '바람이 휘몰아치며 천지마음 감추더라'고 한다.

「금강산의 겨울」「내소사 대웅보전 앞에 서서」「채석강의 일기」「청산도 어느 봄날」「물의 정원 꽃양귀비」「비금도 명사십리」 등의 기행시조들도 여행지에 대한 즉물적 기행시가 아니라 내면의 깊이까지 드러나는 작품들이다.

4. 고향, 그리운 유년 속으로의 여행

고향이란 어린 날의 추억과 꿈이 있고, 가족과 친구가 있는 곳이다. 한 사람의 인격이 형성되는 곳이기도 하다. 정현숙 시인의 고향을 노래한 작품들을 살펴보자.

선산의 묵정밭에 틈도 없이 피어나
뜨거운 자유로다 흐드러져 춤을 추면
아이고 망쪼들겠다 사정없이 뽑으셨지

기대고 어우러져 자장가 부르는지
할아버지 잠을 자고 햇살도 고요하네
생전에 화해를 했나 평화로운 하얀 꽃밭

망초야 개망초야 할아버지 보고 싶다
꽃잎 뒤 숨은 세월 날 보고 달아나도
그 여름 잔잔한 추억 남아있어 고맙다

―「개망초의 친구」 전문

정현숙의 「개망초의 친구」를 보면 어렸을 때 보던 선산의 개망초가 소재가 되고 있다. 가꾸지 않아 풀밭이 된 선산 앞의 묵정밭. 망초가 피면 나라가 망한다고…. 예전 구한말에 한일합방이 될 때 망초꽃이 많이 피었다고 하는 말이다. 외래식물인 이 망초는 주변식물에 피해가 많다고 한 때 학교에서도 학생들과 봉사활동을 하는 날이면 산책길가에 늘려진 망초꽃들을 뽑아버리던 일이 생각난다. 번식력이 무척 강한 개망초가 '뜨거운 자유로다 흐드러져 춤을 추면'이라며 묵정밭을 발 디딜 틈도 없이 메우고 있는 망초와 '아이고 망쪼들겠다'며 사정없이 뽑으시던 할아버지. 할아버지는 이미 돌아가서 산소에 누워 계시고 더 이상 개망초와 씨름하지 않고 햇살 속에 평화로워 보인다. 그것을 화자는 '생전에 화해를 하셨나 평화로운 하얀 꽃밭'이라고 표현한다. 기대고 어우러져 무더기로 핀 망초꽃을 화자는 이제 친근감으로 보고 있다. 어렸을 때 만났던 고향의 나무 한 그루, 풀 한 포기, 고향에서 만나던 모든 것들이 몇 십 년이 지나고 고향을 찾을 때 얼마나 반가운 존재인지를 잔잔하게 잘 보여주는 작품이다. 개망초를 친구 대하듯 하는 화자의 태도에서 유년에 대한 그리움을 성숙한 인격으로 만나는 시인을 만날 수 있다.

덩그랗게 큰집에 외로움 주렁주렁
고모 삼촌 작은 엄마 혼자씩 집을 보네
떠나온 고향하늘에 별이 그리 많더니

때때옷에 복주머니 어린 날 자식 모습

팔 벌리고 뛰어오는 손주 녀석 아른거려
하늘을 한 짐씩 지고 마중 나온 마당 끝

자식들 많다지만 저 살기 바쁜 세상
괜찮다 말은 해도 진짜 진짜 믿을까 봐
천장에, 숨은 마음이 더덕더덕 붙었더라

—「고향집에는」 전문

어렸을 때 살던 그 고향의 큰집에는 외로움이 주렁주렁 달렸다고 한다. 모두가 고향을 떠나 살기 때문에 때로는 고모가 때로는 삼촌이 때로는 작은 엄마가 집을 지키고 있는 실정이다. 화자는 그러한 집에 대해 '떠나온 고향하늘에 별이 그리 많더니'라며 어렸을 적 고향을 그리워하는 마음을 드러낸다.

시집가 떠나 살던 딸이, 손녀가 오면 때때옷에 복주머니 달아주던 어렸을 때를 상상하며 지금은 팔 벌리고 뛰어오는 손주 녀석 아른거려서 하늘을 한 짐씩 지고 마중 나온 마당 끝이라며 딸과 손주들을 기다리는 어른들의 마음을 표현한다.

겉으로는 바쁘니까 안 와도 된다고 하지만 자손들이 자주 오기를 기다리는 그 마음을 화자는 '천장에, 숨은 마음이 더덕더덕 붙었더라'며 익살스럽게 피력하고 있다.

진달래 봉올봉올 분홍햇살 타고 놀면
어린 꿈 실어 온 꽃구름이 사는 언덕
손잡고 뛰어놀던 곳 봄이 왔나 가 보자

쑥바구니 가득 채워 옆에 놓고 마주 앉아
해그림자 질 때까지 공기놀이 인형놀이
꽃물 든 정다운 얼굴 아롱아롱 피어나네

잎 없이 꽃만 왔나 바람결에 빨개지네
꽃시계 만들어서 세월일랑 잡아두고
동무야 고향 산천에 꿈도 폈나 보러 가자

―「꽃마중」 전문

고향의 봄 모습이 이 작품에선 잘 드러난다. 진달래 봉오리가 피어날 때쯤을 '진달래 봉올봉올 분홍햇살 타고 놀면'이란 표현으로 '봉올봉올'이나 '분홍햇살'이란 시어는 그 특징들을 잘 살려 시인이 새롭게 만들어 쓴 시어들이다.

첫수에서는 진달래 피던 고향 모습, 둘째 수에서는 친구들과 쑥 뜯으며 공기놀이 인형놀이 하던 꽃물든 정다운 얼굴을 떠올린다. 셋째 수에는 '꽃시계 만들어서 세월일랑 잡아두고' 고향 산천에 꿈도 폈나 보러 가자고 한다. '꿈도 폈나 보러 가자'는 그 발상도 새롭다. 과거의 아름다운 추억을 현재로 이어지게 만드는 요량도 가진 시인이다.

때때옷 사서 오마 우리엄마 가시던 길
목을 빼고 내다보면 달려오던 어스름
밤 되면 도깨비불이 줄을 지어 가던 곳

해지면 저길 따라 도망치고 싶었는데
작은 꿈 어디 가고 기다림도 희미해져
썰물에 쓸려간 세월 개펄 속에 녹았네

옛이야기 가득한 길 들국화 흐드러져
날 보러 몰래 왔나 여우별 꼬리 흔적
그리움 길게 늘이고 꽃향기만 남겼네

—「방죽길엔 그리움만」 전문

방죽길을 걸으며 화자는 옛날을 회상한다. '때때옷 사서 오마 우리엄마 가시던 길'이다. 그리고 그 엄마를 기다리느라 '목을 빼고 내다보면 달려오던 어스름'이란다. 기다리는 엄마는 오지 않고 밤이 오던 그 길이다. 나이 들어 다시 찾은 고향의 그 길은 '작은 꿈 어디 가고 기다림도 희미해져/ 썰물에 쓸려간 세월 개펄 속에 녹았'고, '그리움 길게 늘이고 꽃향기만 남은' 방죽이다. 고향의 방죽길에 대한 추억과 그리움이다. 정지용의 「고향」이란 작품에서 '고향에 고향에 돌아와도 그리던 고향은 아니러뇨.'란 시가 생각나는 구절이다. 고향도 세월 따라 늘 변하고 있고, 인간도 변하고 있다. 정현숙 시인의 고향에 관한 그리움이 시집 속에 드러난다. 누구에게나 고향은 그리운 것이고 유년의 추억이 담긴 소중한 곳임을 알게 한다.

바지락 꼬막잡고 밭매고 길쌈하고

우리 동네 일 많다고 시집오기 꺼렸다니
가뭄에 흉년들 때도 희망이던 고마운 곳

뻘냄새 땀냄새로 사람들 고단해도
짠물 젖어 퉁퉁분 손 살갑고 따뜻했지
지금도 찡한 마음이 밀물처럼 밀려든다

아른아른 그리움에 고향길 달려가면
메꽃 핀 방천둑에 찰랑이는 순한 파도
날마다 붉은 이불에 저녁해를 재운다

—「고향바다는」 전문

시인에게 고향바다는 낭만의 곳이 아니라 고향사람들의 생활터전이던 곳이다. 일이 많다고 시집오는 것을 꺼렸던 동네지만, 덕분에 가뭄으로 흉년들 때도 희망이 있던 곳이다. 그곳 사람들의 진솔한 삶의 태도와 순박한 인정은 '뻘냄새 땀냄새로 사람들 고단해도/ 짠물 젖어 퉁퉁분 손 살갑고 따뜻했지'라는 말로 대변된다. 고단한 그들의 삶을 생각하면 지금도 찡한 마음이 된다는 시인의 고운 마음이 잘 드러난다. 고향바다는 도시 사람들이 생각하는 낭만의 바다가 아니라 삶의 터전으로서의 바다이며 고향 사람들의 힘든 노동이 들어 있고, 순박한 인정이 살아있는 그런 바다이며, 또 저녁이면 하루의 일과를 끝낸 마을 사람들 속에서 조용하고 평화로운 모습을 보이는 바다다. 고향 사람들의 힘든 노동과 짠물에 젖어 퉁퉁 부은 손까지 살갑게 느끼며 사랑하는 시인의 따뜻한 마음, 고향에 대한 애틋한 정이 나타나는 작품이다.

구름꽃 떠다니고 폭포수 흐르는 곳
동백꽃 자목련꽃 사철 피어 눈부셔라
세월이 그려놓았나 세상무늬 신비하다

새소리 바람소리 꽃비소리 가득한데
수많은 저들 생각 어찌 알고 답을 쓸까
가슴에 우주를 품은 무릉도원 소개하네

해와 달 지고서도 그림자 없는 선계
바위 속 천 년 풍경 누리며 사시는지
깊고도 아득한 전설 비단 짜듯 뽑으셨네

—「수석(壽石) 시인」 전문

정현숙 시인이 나의 수석시조집을 읽고 나서 쓴 시조이다. 시인은 평소에도 늘 긍정적인 마음으로 주변을, 자신의 삶을 살아가고 있고, 그 마음가짐이 그녀의 모든 작품에 고소란히 투영되어 드러난다. 이 작품에서도 예외는 아니다. 수석시조집을 열심히, 찬찬히 읽고 그것을 제대로 음미하고 있음이 보인다.

시인은 남이 못 보는 것을 보는 능력이 있어야 하고, 남이 들을 수 없는 것을 들어야 하고, 남이 느끼지 못하는 것을 느낄 수 있는 능력을 지녀야 한다. 정현숙 시인은 이미 이러한 자질을 모두 가지고 있다. 뿐만 아니라 언어감각도 남달라 자신만의 시어를 많이 만들고 있고, 시조마다 그의 넓은 이해와 아량의 마음들이 드러나 보인다. 그것은 세상에 대한 긍정과 사랑의 마음에서 비롯된 것이다. 그러면서도 시어 하나하나는 섬세하고 여린 시인의 아름다운 모습을 보이고 있다. 정현숙 시인의 시조가 아름답게 느껴지는 것은 그러한 언어의 선택과 사물에 대한 깊은 배려 때문일 것이다. 앞으로 그녀가 더욱 풍요롭고 성숙한 모습의 시조작품을 쓰기를 크게 기대해 본다.

정현숙 시조집_ 행복 하나

초판 인쇄 | 2023년 9월 05일
초판 발행 | 2023년 9월 10일

지 은 이 | 정현숙
발 행 인 | 김호운
주 간 | 김민정

펴낸곳 | 사단법인 한국문인협회 月刊文學 출판부
주소 | 서울시 양천구 목동서로 225 대한민국예술인센터 1017호
전화 | 02-744-8046~7
팩스 | 02-743-5174
이메일 | klwa95@hanmail.net
등록 | 2011년 3월 11일 제2011-000081호
ISBN 978-89-6138-511-4 03810

값 12,000원